东尼·博赞
思维导图经典书系

学习技巧

Buzan's Study Skills

[英] 东尼·博赞（Tony Buzan）著
亚太记忆运动理事会 译

中国广播影视出版社

图书在版编目（CIP）数据

学习技巧 /（英）东尼·博赞著；亚太记忆运动理事会译. -- 北京：中国广播影视出版社，2022.10
书名原文：Buzan's Study Skills
ISBN 978-7-5043-8873-5

Ⅰ. ①学… Ⅱ. ①东… ②亚… Ⅲ. ①学习方法 Ⅳ. ①G442

中国版本图书馆CIP数据核字(2022)第114979号

Title: Buzan's Study Skills, by Tony Buzan
Copyright © 2015 by Tony Buzan
Last published in UK by BBC Pearsons
Original ISBN: 978-1-406664898. All rights reserved.

北京市版权局著作权合同登记号　图字：01-2022-2586 号

学习技巧
（英）东尼·博赞（Tony Buzan） 著
亚太记忆运动理事会　译

策　　划	东章教育　颉腾文化
责任编辑	杨　凡
责任校对	龚　晨

出版发行　中国广播影视出版社
电　　话　010-86093580　010-86093583
社　　址　北京市西城区真武庙二条9号
邮　　编　100045
网　　址　www.crtp.com.cn
电子信箱　crtp8@sina.com

经　　销　全国各地新华书店
印　　刷　鸿博昊天科技有限公司

开　　本　650 毫米 ×910 毫米　1/16
字　　数　90（千）字
印　　张　11.25
版　　次　2022 年 10 月第 1 版　2022 年 10 月第 1 次印刷

书　　号　ISBN 978-7-5043-8873-5
定　　价　59.00 元

（版权所有　翻印必究·印装有误　负责调换）

出版说明

相信中国的读者对思维导图发明人东尼·博赞先生并不陌生，这位将一生都献给了脑力思维开发的"世界大脑先生"，所开发的思维导图帮助人类打开了智慧之门。他的大作"思维导图"系列图书在全世界范围内影响了数亿人的思维习惯，被人们广泛应用于学习、工作、生活的方方面面。

作为博赞®知识产权在亚洲地区的独家授权及经营管理方，亚太记忆运动理事会博赞中心®致力于将东尼·博赞先生的经典著作带给更多的读者朋友们，让更多的博赞®知识体系爱好者跟随东尼·博赞先生一起挑战过去的思维习惯，改变固有的思维模式，开发出大脑的无穷潜力，让工作和学习从此变得简单而高效。

秉持如此初衷，我们邀请到来自全国各地、活跃在博赞®认证行业一线的专业精英们组成博赞®知识体系专家团队，担起"思维导图经典书系"的审稿工作，并对全部内容进行了修订和指导。专家团队的成员包括刘艳、刘丽琼、杨艳君、何磊、陆依婷等。专家团队与编辑团队并肩工作了数月，逐字逐图对文稿进行了修订。

这套修订版在中文的流畅性、思维的严谨性上得到了极大的提升，更加适合中国读者的阅读需求和学习习惯。我们在这里敬向所有参与修订工作的专家表示由衷感谢，也对北京颉腾文化传媒有限公司的识见表示赞赏。

期待这份努力不负初衷，让经典著作重焕新生，也希望这套图书在推广博赞®思维导图、促进全民健脑运动方面，能起到重要而关键的作用。

亚太记忆运动理事会博赞中心®

亚太官网：www.tonybuzan-asia.com

中文官微：world_mind_map

我们将此书献给那些在当今的智力时代、头脑世纪和思维新千年为了人类智力的扩展和自由而奋斗的思维勇士们。

——东尼·博赞

LETTER FROM TONY BUZAN
INVENTOR OF MIND MAPS

The new edition of my Mind Set books and my biography, written by Grandmaster Ray Keene OBE will be published simultaneously this year in China. This is an historical moment in the advance of global Mental Literacy, marked by the simultaneous release of the new edition of Mind Set and my biography to millions of Chinese readers. Hopefully, this simultaneous release will create a sensation in China.

The future of the planet will to a significant extent be decided by China, with its immense population and its hunger for learning. I am proud to play a key role in the expansion of Mental Literacy in China, with the help of my good friend and publisher David Zhang, who has taken the leading role in bringing my teachings to the Chinese audience.

The building blocks of my teaching are memory power, speed reading, creativity and the raising of the multiple intelligence quotients, based on my technique of Mind Maps. Combined these elements will lead to the unlocking of the potential for genius that resides in you and every one of us.

TONY BUZAN

MARLOW UK 05/07/2013

东尼·博赞为新版"思维导图"书系
致中国读者的亲笔信

今年,新版"思维导图"书系和雷蒙德·基恩为我撰写的传记将在中国出版发行,数百万中国读者将开始接触并了解思维潜能开发的相关知识和应用。这无疑是一个具有历史意义的重要时刻——它预示着我们将步入全球思维教育开发的时代。我希望它们能在中国引起巨大的反响。

中国有着众多的人口,他们有着强烈的求知欲,这在很大程度上将决定世界的未来。我很自豪,在我的好朋友、出版人张陆武先生的帮助下,我在中国的思维教育中发挥了一些关键的作用。我非常感谢他,是他把我的思维教育带给了中国的大众。

我的思维教育是建立在思维导图技能基础上的多种理念的集合,包括记忆力、快速阅读、创造力和多元智力的提升等。如果把这些元素结合起来,我们就能发掘自身的天才潜能。

东尼·博赞

2013年7月5日

Contents 目录

序一　雷蒙德·基恩　　　　　　　　10
序二　马列克·卡斯帕斯基　　　　　13
引言　　　　　　　　　　　　　　　16

第1章　你的大脑：它比你想象的更优秀

1.1　人有两个大脑　　　　　　　　002
1.2　另一个达·芬奇密码　　　　　004

第2章　高效学习的障碍

2.1　勉强的学习者　　　　　　　　010
2.2　高效学习的思维障碍　　　　　012
2.3　过时的学习方法　　　　　　　014

第3章　博赞有机学习技巧（BOST）

3.1　BOST：准备　　　　　　　　 018

3.2	BOST：应用	023
3.3	记笔记的要点	031
3.4	博赞有机学习技巧小结	033

第4章	**快速阅读**

4.1	阅读速度自我测试	039
4.2	你是如何阅读的	040
4.3	引导眼睛运动	041
4.4	加快阅读速度的七个步骤	043
4.5	解决阅读"问题"	045
4.6	神奇的眼睛	048
4.7	训练"脑眼"的练习	048
4.8	阅读加油站	051
4.9	三种关键的阅读导引技巧	052
4.10	提高你的快速阅读能力	054
4.11	挑战大师级词汇量	062
4.12	前缀、后缀和词根的应用	068

| 第5章 | **超级记忆** |

5.1	帮助你的大脑学习	**072**
5.2	记忆术	**073**
5.3	对记忆的误解	**074**
5.4	学习期间的回忆	**076**
5.5	学习后的回忆	**078**
5.6	重复的价值	**080**
5.7	休息一下,还是继续进行呢	**081**
5.8	核心记忆原则	**083**
5.9	十项核心记忆法则	**085**
5.10	两个关键记忆法	**090**

| 第6章 | **思维导图** |

6.1	思维导图的定义	104
6.2	线性思维与整体思维	105
6.3	关键词与关键图像	106
6.4	大脑的语言	108

6.5	发散性思维	109
6.6	如何准备思维导图	112
6.7	绘制思维导图的详细技巧	116
6.8	创作思维导图的禁忌	123
6.9	如何创作思维导图	126

第7章	用思维导图和BOST彻底变革你的学习

7.1	如何为教科书制作思维导图	130
7.2	如何为讲座、DVD 等制作思维导图	133
7.3	思维导图笔记和大师级思维导图的好处	139
7.4	用于集体学习的思维导图	144
7.5	你的未来	147

附录	词汇练习参考答案	148

	东尼博赞® 在线资源	149

Foreword 1　序一

作为近 40 年来全球最伟大的教育家之一，东尼·博赞的方法激励着众人尽其所能地开发和发挥大脑潜能，从而获得更丰盈、更有意义的人生。他在 20 世纪 60 年代发明思维导图，随后英国广播公司（BBC）播出他的《启动大脑》系列科普片达十年之久，同名书籍《启动大脑》畅销达百万册。他的思想广为传播，帮助人们认识到了大脑的非凡能力。但他并未因此而止步，而是一以贯之地研究阅读、记忆、创新等，为此撰写了很多本书，被翻译成 40 多种语言。

今天来看，东尼·博赞的影响力已经超越了他的作品而成为一种世界文化现象。从刚刚成名开始，他就被邀请到全球各地演讲，被多家世界 500 强公司聘为顾问，为多个国家的政府部门提供教育政策方面的建议，为多所世界知名大学提供人才培养的方法。他的思想也快速地被大家接受，成为现代教育知识的一部分，这足以说明他的工作是多么重要。鼓舞并成就了数千万人的人生，足见他对这个世界的影响是多么深远。

东尼·博赞的毕生追求是释放每一个人的脑力潜能，发起一场展示每个人才华的革命性运动。如果每个人都能接触到正确的方法和工具，并学会如何高效地运用大脑，他们的才华便能得到最完美的展现。当然，他的洞见并非轻易而得，也不是人人都赞成他的观点。谁能够决定谁是聪明的，谁又是愚蠢的？对于这些问题，我们都应该关心，这可是苏格拉底和尤维纳利斯都思考过的问题。

在正确认知的世界里，思维、智力、快速阅读、创造力和记忆力的改善应当受到热情的欢迎。然而，现实并不总是如此。实际上，东尼·博赞一直在坚持不懈地和大脑认知的敌人进行着荷马史诗般的战斗，其中包括那些不重视教育、把教育放在次要地位的政客；那些线性的、非黑即白的、僵化的教育观念和方法；那些不假思索或因政治缘故拒绝接受大脑认知思维的公司职员；还有那些企图绑架他的思想，把一些有害的、博人眼球的方法作为通往成功之捷径的对手。

2008年，东尼·博赞被英国纹章院（British College of Heraldry）授予了个人盾形纹章。盾形纹章设立之初是为了用个人化的、极易辨认的视觉标志，来辨识中世纪战争中军队里的每一个成员，而东尼·博赞则是为了人类的大脑和对大脑的认知而战斗。

我想起我们第一次在大脑认知上的探讨，是关于天才本质的理解。我本以为东尼·博赞会拜倒在伟大人物的脚下，那些人仿佛天生就具备"神"的智慧及其所赋予的超人能力。事实并非如此。东尼·博赞的重点放在像你我一样的普通人的能力特质上，研究这样的人如何通过自我的努力来开启大脑认知的秘密，如何才能取得骄人的成就。东尼·博赞下决心证明，你无须来自权贵家庭或艺术世家，也能达到人类脑力成就的高峰。

爱因斯坦曾是专利局职员，早期并没有展示出超拔的数学天分；达·芬奇是公证员的儿子；巴赫贫困潦倒，他得走上几十英里去听布克斯特胡德的音乐会；莎士比亚曾因偷窃被拘禁；歌德是中产阶级出身的律师……这样的例子有很多很多。

但幸运的是，他们靠自己找到了脑力开发的金钥匙。而今天，值得庆幸的是，东尼·博赞先生帮众人找到了一套开发脑力的万能钥匙。

他可以像牛顿一样说自己是柏拉图的朋友、亚里士多德的朋友，最重要的是，是真理的朋友，是推动人类智慧向前跨越的关键人物。

社会从众性的力量是强大的，陈旧教条的影响无法根除，政府官员的阻挠、教授的质疑充分证明了这一点。然而，正像著名的国际象棋大师、战略家艾伦·尼姆佐维奇（Aron Nimzowitsch）在他所著的《我的体系》里所写的：

讥讽的作用很大，譬如它可以让年轻人才的境遇更艰难；但是，有一件事情是它办不到的，即永远地阻止强大的新知的入侵。陈旧的教条？今天谁还在乎这些？

新的思想，也就是那些被认为是旁门左道、不能公之于众的东西，现今已经成了主流、正道。在这条道路上，大大小小的车辆都能自由行驶，并且绝对安全。

是时候阅读这套"思维导图经典书系"了，今天在自己脑力开发上敢于抛弃陈规旧俗、接受东尼·博赞思想和方法的人，一定会悦纳"改变"的丰厚馈赠。

雷蒙德·基恩爵士

英国OBE勋章获得者
世界顶级国际象棋大师
世界记忆运动理事会全球主席

| Foreword 2　序二 |

尊敬的中国读者：

你们好，很高兴受邀为东尼·博赞先生的"思维导图经典书系"的全新修订版作序。我与东尼相识几十年，很荣幸与他建立了非常深厚的友谊。他有着广泛的爱好，对音乐、赛艇、写作、天文学等都有涉猎，其睿智、风趣时常感染着我。我是他生前最后交谈的朋友，那次谈话是友好而真挚的，很感谢他给予我的宝贵建议，这是我余生都会珍念的记忆。

东尼出版过很多关于思维导图、快速阅读和记忆技巧的书，并被翻译成多种语言在世界各地传播。思维导图——东尼一生最伟大的发明，被誉为开启大脑智慧的"瑞士军刀"，已经被全世界数亿人应用在多种场景、语言和文化中。

我曾与东尼结伴，一起在中国、美国、新加坡等地推广思维导图，也曾亲眼目睹他的这一发明帮助波音公司某部门将工作效率提高400%，节省了千万美元。这正是思维导图的威力和魅力。

东尼的名著之一是《启动大脑》。在我们无数次的交谈中，他时常提起此书是他对所有与记忆、智力和思维相关事物的灵感之源。东尼相信，如果掌握了大脑的工作模式和接收新信息的方式，我们会比那些以传统方式学习的人更具优势。

在该书的第一章，东尼阐释了大脑比多数人预期的更强大。我们拥有的脑细胞数量远远超出大家的想象，每个脑细胞都能与周边近 10 000 个脑细胞相互交流。人类大脑几乎拥有无限能力，远比想象的更聪明。当东尼意识到自己的脑力并没发挥出预期的效果时，为了更好地学习，他希望发明一种记笔记的新方法——这就是思维导图的由来。东尼的发明对他自己的学习很有帮助，于是进一步开发来帮助他人。

在他的书系中，你将学到多种技能。它们不仅使学习变得更容易，还有助于你更好地应用思维导图，比如通过使用关键词来激发想象力和联想思考，增强创造力，等等。东尼曾告诉我，学龄前儿童的创造力通常可以达到 95%。当他们长大成人后，创造力会下降至大约 10%。这是个坏消息，但幸运的是，东尼在书系中介绍的技能，是可以帮助我们保持持久旺盛的创造力的。这些书揭示出创造力、记忆力、想象力和发散性思维的秘密。读完这些书你会发现，这些看似很简单的技能，太多人还不知道。

东尼发明了"世界上最重要的图表"，并将它写在 *The Most Important Graph in the World* 一书中。书中不但论证了思维导图的重要性，还为我们的生活提供了宝贵的经验。我从中学到很多技巧，其中最重要的是，如何确保我所传达的信息被别人轻易记住——直到读了 *The Most Important Graph in the World*，我才意识到它是如此简单。东尼在书中提到的七种效应，从根本上改变了我与人沟通的方式，让我的交流更富有情感，演讲更令人难忘。这本书是我最喜欢的东尼的名著之一。

东尼还非常擅长记忆技巧。他在研究思维导图时，发现记忆技巧非常有用。这些技巧在日常生活中的重要性不言自明，比如，我不善于记别人的名字和面孔，当不得不请人重复时，我真的很尴尬，俨然常常为遗忘找借口的"专家"。东尼为此亲自训练了我的记忆技巧，让我很快明白记忆技巧与智力或脑力的关系不大，许多记忆技巧是简单的，可以很轻松地学习和应用。

不久前我教一个学生记忆技巧。她说她记忆力特别差。我记得东尼告诉我,没有人天生记忆力不好,只是不知道提高记忆力的技巧。我让她在3分钟内,从我提供的单词表中记住尽可能多的单词。她只能记住3个单词。我告诉她,在运用了我教给她的技巧后,她可以按顺序记住全部30个单词,倒序也不会出错。她笑着说这是不可能的。

利用东尼书中所教授的技巧,她在经过大约3小时的训练后,成功做到了正序、倒序记忆全部30个单词。她非常高兴,因为一直以来,她都认为自己的大脑无法达到如此之高的记忆水平。真实的教学案例足以证明,东尼的记忆书是可以让每个人受益的,无论青少年还是成年人。

我读过东尼这一书系中的每一本书,强烈推荐给所有希望拓展自己脑力的朋友。

你们需要做的,就是将书中所包含的各种重要技能全部掌握。

马列克·卡斯帕斯基(Marek Kasperski)
东尼博赞®授权主认证讲师(Master TBLI)
世界思维导图锦标赛全球总裁判长

Introduction 引言

本书包含独特的博赞有机学习技巧（BOST）训练计划。它是为那些害怕考试，在课堂测验、学期论文写作等方面有问题的大学生、中学生专门编写的，目的是提高他们应对这些问题的能力。

本书将帮助你克服对考试和学习压力的恐惧（这种恐惧是十分正常的）。在本书中，你将发现一种全新的学习方法，它能帮助你充分发挥你那奇妙的脑力和智能。

这可不是吹嘘。BOST是博赞在学习技巧、脑力、学习后回忆、发散性思维、专注力、多维记忆工具和思维导图等领域35年经验的精华总结，是长期磨炼的结果。本书所介绍的学习技巧将使你的能力得到突飞猛进的发展。

- 信心十足地准备学习、考试和测验。
- 以远远超出你想象的速度和效率阅读。
- 更加有效地记笔记。
- 更加准确地记住和回忆学习过的东西。
- 进入一种复习的思维状态，但仍然能享受放松的时光。
- 使用思维导图（它被视为"大脑思维的瑞士军刀"），迅速提高复习能力。

运用本书所提供的世上独一无二的 BOST 和其他学习方法，你将信心十足地发挥自己的学习潜力——无论你学习什么学科，也不管你的学业水平如何。

害怕、厌恶考试和复习

如果你对此有所怀疑（为什么不呢），那么在你翻到下一页之前，不妨问自己如下几个问题：

- 我是否害怕考试？
- 我是被迫学习的吗？
- 我是否会被大量必须做的作业吓倒？
- 我唯独不愿意做的事情就是静下心来复习吗？
- 我是否总是换一个时间做事而不是按计划的时间去做？
- 我是否感觉保持、记住和回忆知识很困难？
- 为了掌握一本参考书，我是否感觉必须从头到尾一页不漏地学习它？
- 我是否在很劳累或注意力不集中时工作？
- 我是否认为吸收知识的最佳办法是一行一行、一页一页地阅读课本？
- 我是否靠死记硬背学习而根本不理解所学内容？

我猜你对以上问题的回答至少有一个"是"（别告诉我是全部）。那就把这本学习技巧手册作为完善你学习技巧的思维工具吧。

在高等教育阶段，无论你准备什么样的考试，你都不可能发挥你所有的潜能去迅速有效地储存和回忆信息、数据、事实、数字及参考资料。

这可能是因为：

- 缺乏动力。
- 众多不良的学习习惯的积累。
- 没有既定的"策略"去复习和记录特定的学期论文、考试、项目、学科或毕业论文。
- 对学习的时间和数量压力感到恐惧、焦虑。
- 没有自己的"大脑使用说明书"。

你之所以害怕消极情形（这完全是合理的），是因为你明白你所看到、承认和接受的事物，其他人也有同样的感觉（顺便说一句，这完全是没有必要的）。

学习恐惧症的恶性循环

想象这样一种情况（如果你还没有遇到过）：老师"砰"的一声把书本摔在讲桌上，说你们要考的就是这本书，这是你们的考试用书，如果不学好这本书，不理解其中的每一个概念，你们就考不及格。所以，要把它带回家，慢慢地认真阅读。

于是你照办了，这让你身体和精神上都倍感压力。随后各种各样的逃避行为和繁杂事务闯了进来：你打开冰箱，你看电视，你给朋友发信息。最后你坐到这本书面前，然后会发生什么事呢？

假如你以正常的学习速度阅读 2 小时（这是很长的一段时间），其中专注力会习惯性地间断，那么你很有可能在大约 5 分钟内阅读 1 页并且常常记 10 分钟的笔记。这样，在 2 小时之后，你仅仅阅读了这本书的很小一部分，而且在这 2 小时之内你已经忘记了你所阅读的内容。你可以感受到你的阅读量有多小：它很艰难、很费力，你已经出现了眼睛痛、耳朵痛、头痛、脖子痛、背痛、臀部痛，到处都疼痛的情况。况且你还有那么多内容要看，你知道你将忘记其中的大部分内容。随着你一周又一周、一月又一月地复习你那可怕的线性笔记，随着时间的流逝，你不断地遗忘，就像散落的种子随着你的播种而死亡一样。考试日益临近，你知道你完了——你确实完了。

你泄气了，说"随它去吧"，于是去喝了一杯饮料。然后你动起歪脑筋：准备考试时夹带纸条，询问朋友，搜索网络，企图让老师透露点儿试题。这一切都是完全合乎情理的，因为你是对的：这种类型的学习从根本上讲是在浪费时间。你必须学会如何正确地学习。

现在，你可以解脱了，你需要做的就是阅读《学习技巧》，并且加以练习。然后你那恶性的循环将变成良性循环，将成为一种令人鼓舞的体验。

本书使用指南

本书的每一部分都应该是第 1 页——编排本书时，我认为任何一章都可作为"第 1 章"，因为所有内容都非常重要。所以，我建议你首先浏览本书的各个章节，以便对本书的内容和方法"有个感觉"，然后再认真阅读每一章节。每一章都涉及大脑功能的一个不同方面，都为你提供了不同的方法来开启大脑的功能，并以成倍的效率来利用它的功能。

第 1 章 你的大脑：它比你想象的更优秀

本章向你展示你的大脑是一个多么令人惊奇的学习工具，而且可以为你所用。本章还特别举出使用过 BOST 的学生案例来说明它在不同学习情形中的应用和通用性。本章还向你阐明，你永远不应该低估你的潜力，以及应该如何开启大脑那令人难以置信的能力。

第 2 章　高效学习的障碍

本章考察了影响学习效率的精神、情感和身体等因素，目的是让你能够把它们联系起来，从而不致在考试临近时感到恐惧。BOST 的核心技巧在之后的章节中有详细介绍。

第 3 章　博赞有机学习技巧（BOST）

本章向你介绍 BOST 学习策略简单易记的 8 个要点，其中包括准备和应用两个部分。准备部分包括浏览、时间与任务量、5 分钟思维导图练习、提问与确定目标等技巧，应用部分包括总览、预习、精读和复习等技巧。

第 4 章　快速阅读

你是否因为阅读速度太慢而在大学图书馆里睡着过？你显然需要加快阅读及理解学习和复习的速度。本章不仅要教你一项技巧，还要教你如何集中注意力，如何浏览数据。最关键的是，它还将向你说明，学习环境和姿势会影响学习习惯和期望。本章将帮助你节约时间和提高学习效率。如果你把快速阅读技巧、思维导图制作技巧（见第 6 章和第 7 章）以及超级记忆技巧（见第 5 章）变成自己学习和复习的核心技能，你的自信心将会大大提高。

第 5 章　超级记忆

本章将教给你在记忆时需要使用的主要技巧。这些技巧将支撑你继续学习第 6 章及第 7 章的思维导图。本章将向你解释如何在学习期间和学习之后提高记忆力。另外，本章还将介绍两个"关键记忆法"，以帮助你记忆所列事物。

第6章　思维导图

本章介绍了思维导图这一独特的记忆、回忆和复习法。它是大脑内部"图谱"的外在表现。思维导图是一个神奇的、多维的记忆和复习工具。理解大脑的思维方式可以帮助你以思维导图的形式，在学习期间和考试复习时使用词语和图像来记录、复习、回忆、记忆、组织所学习的内容，以及进行创造性思维和解决问题。你还要能有效地储存、回忆、搜索知识和数据。

第7章　用思维导图和BOST彻底变革你的学习

这一章是你走向成功的最后一步。你将在本章学会如何把你熟悉的思维导图制作技巧应用到学习的各个方面。你将学会如何为课本、DVD以及讲义制作思维导图。另外，你还将了解思维导图在集体学习中的好处。

记住：温习你感觉需要重新学习的核心技巧，不要用完全线性的、按照页码顺序从头到尾的方式阅读《学习技巧》。我再次强调：本书的每个部分都应该是第1页。还有一点非常重要，那就是，如果你希望有效地使用本书所讲述的方法和知识，就必须加强练习。本书的各个阶段都有练习题以及更进一步行动的建议。另外，你应该确定自己的练习和学习日程表，并且尽可能地遵守。

了解了BOST的核心组成部分之后，你就可以把前面讲的所有知识领域融入一个综合的学习精神状态：

- 超效率学习。
- 有效组织。

- 以之前两倍的速度阅读任何一本教科书。
- 以之前两倍的效率记住所学内容。
- 为课本和讲义制作思维导图，从而使你能够以之前4~10倍的效率记住每个学科的知识。

用BOST（融合了快速阅读、思维导图和超级记忆技巧）这一利用你大脑的终极学习技巧组合，可以发挥你高效、成功学习的真正潜力。

让我分享你的成功吧！

东尼·博赞

第 1 章
你的大脑：它比你想象的更优秀

你的人脑是一台非同寻常的、超强的处理器，能够处理无限的、相互联系的思想：要是你知道如何利用它，学习将不再是一项充满焦虑和压力的活动，而且还会变得快速、轻松和富有成效。

人类神奇大脑的发展和演化已经有 5 亿多年的历史了，但直到最近 500 年，我们才知道它位于头部，而不是在胃部或心脏（如亚里士多德和许多其他著名的科学家所认为的那样）。更令人惊讶的是，我们所掌握的有关大脑及其工作原理的 95% 的知识是在最近 10 年间发现的。我们还有更多的知识需要学习。

人类大脑有五项主要功能：

1. 接收 ——大脑通过各种感官接收信息。

2. 储存 ——大脑保留和储存信息，而且能够在需要时提取这些信息（虽然你经常感觉不到这一点）。

3. 分析 ——大脑能够识别各种模式，并且以通过核查信息和询问的方式组织信息。

4. 控制 ——大脑可以根据你的健康状况、个人态度和环境，以不同的方法控制你管理信息的方式。

5. 输出 ——大脑通过思想、言语、图画、运动以及各种各样的创造性活动输出所接收的信息。

本书所讲述的技巧将帮助你利用大脑的这些功能，使大脑根据需要高效地学习、分析、储存和搜索信息。

1.1 人有两个大脑

大脑管理这些超高速进程的方式更令人惊讶。其中一个突破性的发现是，我们现在知道人类有两个大脑，而不是一个，而且我们还知道它们在不同的思维领域发挥着不同的作用。大脑的两侧（两个皮质）是由神经纤维组成的极其复杂的网络（胼胝体）联结在一起的，它们可以处理不同类型的思维活动（见图1-1）。

大多数人的**左侧大脑皮质**处理的信息：
- 逻辑、语言、列表、线性感、数字和分析，即所谓的"学术"活动。当左皮质从事这些活动的时候，右皮质大多处于放松或休息状态，并随时准备给予帮助。

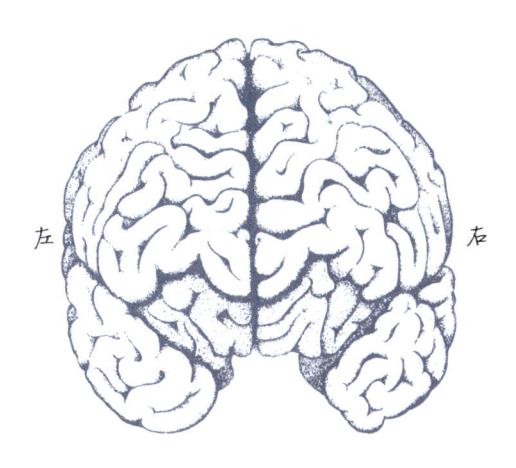

图1-1 人的左右大脑

大多数人的**右侧大脑皮质**处理的信息：
- 节奏、想象、色彩、梦幻、空间感、整体观念（整幅有条理的画面，或可说"整体大于其各部分之和"）、维度。

后来的研究表明，当有人被鼓励开发他们之前认为表现差的一个思维领域时，这一开发不仅没有损害其他思维领域，而且还产生了一种协同效应，即所有领域的思维能力都提高了。另外，与我们以前所认为的不同，每个半脑都拥有另一半脑的许多能力，每个半脑还能够处理更广泛和更微妙的思维活动。

例如，爱因斯坦上学时法语成绩不及格，然而他在小提琴演奏、绘画、帆船运动、"想象游戏"等方面成绩卓著。爱因斯坦把自己许多重大的科学发现归功于那些想象游戏。有一年夏天，他在一个小山上做起了白日梦，想象自己骑着太阳的光束直奔宇宙那遥远的极端而去，但当他发现自己很"不合逻辑地"返回到太阳的表面时意识到，宇宙一定是弯曲的，而且发现，他之前认为的"合乎逻辑"的训练是不完善的。他围绕这个新意象写出了许多数字、方程式和词语，于是就产生了相对论——左脑和右脑合成的产物。

与其相似，伟大的艺术家们都更像是拥有"全脑"的人。他们的日记本上记录的故事不是醉醺醺的酒会，也不是随便涂抹一层颜料就能创造出的杰作，而是我们发现的类似下面的条目。

> 早上6点钟起床。开始了最新系列的6号作品创作的第17天。把4份橙色与2份黄色混合起来，然后涂在画布的左上角，以便与右下角的螺旋结构形成视觉对应，从而在观察者的眼中产生预期的调和。

这些生动的例子说明，左脑参与了大量的我们一般认为是右脑所做的事情。

1.2 另一个达·芬奇密码

在过去的1000年间，有一个人是证明两个半脑协同工作的绝好例子，他就是列奥纳多·达·芬奇。在达·芬奇的时代，有足够的证据表明，他在下列每一个领域当中都是最有成就的人：艺术、雕刻、生理学、基础科学、建筑、机械学、解剖学、物理学、发明、天文学、地质学、工程学及航空学。在欧洲的宫廷，随便给他找一把弦乐器，他就可以即兴作曲、演奏、演唱。他并没有把这些不同的潜能区域分开，反而把它们综合在一起使用。他的科学笔记里满是三维的草图和图像。同样令人感兴趣的是，他的油画杰作的最终设计图常常看起来像建筑草图：直线条、角、曲线和数字，融合了数学、逻辑和精确的测量。

发挥你的思维潜力

如此看来，当我们说自己某些方面行或某些方面不行时，我们其实分别指已经很成功地开发出来的潜力和尚未被开发出来、仍然处在蛰伏状态的潜力。如果能将蛰伏状态下的潜能开发出来，大脑将释放出巨大的"能量"。

大脑的两个半球不是分开来工作的——它们需要协同工作才能发挥各自最大的效率。你在同一时刻给予大脑两个半球的刺激越多，它们就能越有效地帮助你：

- 思考得更好。
- 记忆得更多。
- 回忆得更快。

我们可以借助博赞有机学习技巧（BOST）来激励学习。利用这些独特的、经过作者亲自雕琢的学习技巧，再加上思维导图、发散性思维、快速阅读、学习后回忆和其他博赞核心学习技巧，你在复习、学习、理解、备考等方面的能力将有很大的改观。为了给你信心，我们不妨来看下面两个真实的案例。

案例1-1 伊娃

任何人都不能说别人很愚笨，或者说他们不能有所成就。我们都有潜能，而且至关重要的是，学习是每个人发挥这一潜能的最佳机会。但我们需要能为己所用的方法。东尼·博赞的学习技巧非常有效，而且容易掌握。我强烈建议小学、中学和大学都能教授年轻人这些技巧，以便他们能够在最大限度内喜欢学习。

——伊娃，一个通过思维导图来改善自己学习方法的研究者

伊娃有一段艰难的求学历程：学校把她归为愚钝的学生，并且明确告诉她的父母，她根本没有希望通过考试。伊娃就这样被粗鲁地看作是愚蠢的孩子，但她其实只是朗读困难（一种我们现在很了解的症状）。另外，她喜欢学习，13岁时，通过一个教育心理学家对她的评估，她才知道自己的智商高于一般人。"于是，我意识到我必须以一种不同的方法学习，"伊娃说："当他人说我很愚钝，不可能得'A'时，我的反应就是努力学习以证明他们错了……我非常固执。"

伊娃在16岁那年第一次成为优等生，那时她发现了思维导图。她很幸运遇到了一个真正的好导师，而且她的父母非常支持她，对她充满信心。是她的母亲找到了这位导师。导师认为她需要做的是发挥"潜力"而不是"努力"，并且发现了她的症状，以及她要如何做才能做到最好的方法。伊娃的导师教给了她思维导图，为她开启了一个学习方法的新世界。

"它对我具有非常大的视觉吸引力，而且我非常喜欢把一切都组织在一个页面上。"伊娃回忆说。

无论是在学校成为优等生，还是在营销工作中的专业表现，思维导图在她的人生中都发挥了极大的作用。

"我在学习中不断取得很好的成绩，还有许多荣誉。在一次考试中，我取得了最高分，在全国名列第一（CAM广告设计论文）。"

伊娃总结道："学校长期压抑着我对学习的热爱，以至于我一想起在大学还需要3年的时间就害怕——这让我非常悲伤，因为我喜欢学习。东尼·博赞的思维导图和学习技巧再次燃起了我对学习的热情，直至今日。"

案例 1-2　埃德蒙

埃德蒙 11 岁时还在读预科，那时他就有清晰的梦想。他想进入温彻斯特公学，一所英国著名的私立学校。但是要达到目标，他就必须努力学习以取得温彻斯特公学所要求的成绩。再有 9 个月就要举行英国公学入学考试了，但埃德蒙的成绩还差得很远，他的目标似乎遥不可及。埃德蒙的母亲得悉东尼·博赞的工作和他所创立的所有学习技巧后，开始教埃德蒙如何制作思维导图，以及如何把思维导图应用到课业中。这对于埃德蒙来说是一个转折点。之前令埃德蒙寝食难安的 8 个科目很快就在他的掌控之中，而且他还能够计划自己的复习和学习周期。首先，他为这 8 个科目创作了一幅思维导图，这让他从总体上认识到哪个学科需要付出更多的努力。之后，他为每个科目创作了一幅思维导图，并且为这一学科中主要的话题都画了分支。这样，他仅仅在一张纸上就画了这一科目的整个大纲，并且能够集中精力学习那些他感觉更需要复习的主题。当考试最终来临时，他没有一丝恐慌，相反，他运用粗略的思维导图把自己的思路和解答组织得井井有条，结果非常成功。埃德蒙轻松地通过了所有的考试，进入了他梦寐以求的学校。

第 2 章
高效学习的障碍

你拥有这么神奇的大脑、这么令人敬畏的智力,那么对于学习,你还有什么可害怕和担忧的呢?

每个人都经历过为考试而学习和复习的艰难，本章将对这些加以总结，从而使你接受和克服对考试、测验、评定、学期论文、毕业论文等方面的恐惧——十分合理的恐惧。影响学习成功的主要障碍有：

- 勉强的学习者。
- 高效学习的思维障碍。
- 过时的学习方法。

2.1　勉强的学习者

你可能对这种人很熟悉：他每天晚上 6 点开始，一直勤奋地学习到午夜（见图 2-1）。6 点钟，他走到书桌前，认真仔细地做学习前的准备。一切就绪后，他再次谨慎地把东西整理一次——这使得他为推迟学习找到第一个借口。然后他想起早上还没有来得及细看的报纸。接着他认为，在定下心来干完手头工作前，最好先把这样的琐事处理一下。

于是他离开书桌，拿起报纸浏览，并且发现有太多的趣闻值得去看。看完后，他又注意到娱乐版。这时，他认为今晚该进行第一次休息了——也许 7 点 30 分有档不错的电视节目。

他从报纸上查到了那档节目，节目实际上从 7 点就开始了。他安慰自己说："好了，今天我够辛苦的了，节目刚开始不久，我也该放松一下，这样我才能定下心来看书。"接下来的节目比他原先想象的要有趣得多，所以，等他回到书桌旁时，已经是 7 点 45 分了。

但他仍在书桌旁转来转去，泰然地用手指敲着书本。突然他想起该给一个朋友打个电话，这也像报纸上的趣闻一样，最好在正儿八经的学习开始前先处理一下。

他和朋友在电话里谈得很投机，谈话的时间又比预计的长，之后这位无畏的学习者又回到书桌旁,这时已是 8 点 30 分。

到现在,他真的坐下来了,翻开书,决心好好看看。他是真的开始看书了(通常是第 1 页),可没一会儿,他突然感到又饥又渴,这真糟糕,如果花太长时间去弄吃的、喝的,就没法集中精力看书,太影响学习了。

吃点儿快餐显然是唯一的解决办法。一有这个念头,他头脑里立刻呈现出越来越多的以饥饿为中心的美味,于是快餐最终变成了盛宴。

扫除这最后一道障碍,他又回到书桌旁,想着再没什么会干扰学习了,于是又盯着第 1 页书的前两行。此时胃沉甸甸的,肚子一阵胀痛,睡意也悄悄袭来,还是看半小时的电视为好,等看完节目,食物该消化了,也休息好了,这回可以真正下定决心看书了。

午夜,我们发现这位学习者在电视机前进入了梦乡。

即使在这时,如果有人走进房间惊醒了他,他也会马上想到,事情还不太糟,毕竟他休息好了,也吃好了,还看了一些有趣的节目,又跟朋友保持了联络,看了今天的报纸,一切障碍都扫除了,那么明天晚上 6 点⋯⋯

图 2-1 对学习(认真对待)的恐惧是合理的

目前，人们更注重知识，而不是人。结果，勉强的学习者就被淹没在知识的海洋中，几乎被知识"压垮"。当今，信息与出版物仍然以令人目不暇接的速度在增长，但是个人驾驭知识的能力仍被忽视。要想适应目前的形势，该掌握的不是更多的"硬性的事实"，而是处理知识及学习知识的新方法，即用天赋去学习、思考、记忆、创造和解决问题的新方式。

2.2　高效学习的思维障碍

上面所讲的一个小故事你可能觉得耳熟，也很好笑，但其中所蕴含的意义却很深远，很严肃。

一方面，它令人振奋。因为这个人人都有过的经历证实了那些长久以来被人怀疑的事实：人人都有创造与发明的能力，担忧自己没有创造力是毫无必要的。在这位勉强的学习者身上，他的创造力只是应用不当。为了逃避学习，他为自己编造了种种理由。而这恰好又说明，每个人都有创造的天赋，只是要用到正途上！

另一方面，这个故事也包含着令人沮丧的一面。因为它让我们看到，我们在面对学习材料时所体验到的那种普遍的、潜在的畏惧感。

这种勉强与恐惧源自以考试为中心的教育体制。在这种体制下，学生被强制学习学校选定的教材。他们知道，教材比故事书、小说难多了，而且还意味着大量的作业；他们还知道，将来会有许多的考试来检验他们对教材内容的掌握程度。

所以：

1. 教材太难，让人沮丧。

2. 教材意味着作业，也让人沮丧。因为学生从直觉上感到，他们不可能读好书、记好笔记，也不能将所有的一切都记住。

3. 在这三种困难中，考试是最可怕的。我们已经知道，这种恐惧会干扰大脑正常的工作能力。所以，很多人在考试时难以下笔，尽管他们对课本的复习很透彻。也有些人完全有能力解答一些题目，但是他们的思维停顿了，所学的知识几乎全都遗忘了。还有一些极端的情形，老师看到他们整整 2 小时奋笔疾书，以为他们在忙着答题，拿过试卷却发现，满篇不过是反反复复地写着姓名或某个词语。

在这种恐惧心理的压迫下，学生只能有两种选择：要么坚持学习，正视恐惧心理；要么放弃学习，准备面对另外一种后果。如果坚持学习，但结果仍然很糟糕，他就认为自己是"无能的""傻瓜""白痴""笨蛋"。而事实上，他之所以"失败"，不是因为他笨，而是因为这种教育体制不合理。

如果他放弃学习，情况会大不相同。尽管考试仍不及格，他却能安慰自己：他之所以考砸了，是因为他没有学习，也对那些东西不感兴趣。

他是通过以下方式来解决这个问题的：

- 他回避了考试和恐惧对他自尊心的伤害。
- 他为不及格找到了一个完美的借口。
- 他在同学们中间赢得了尊重，因为只有他敢于反抗这一切。我们发现一个有趣的现象：这种学生常常会成为"孩子王"。

我们还发现了另一个有趣的现象：即便是在那些坚持学习的学生当中，有些也有着与放弃学习的学生同样的心理。他们会找借口，原谅自己只得到了 80 分或 90 分，而不是满分。

2.3 过时的学习方法

上述学习者的结果当然不能令相关之人满意。导致这种不尽如人意的学习结果，原因在于他们掌握学习技巧及学习知识的方式都不正确。传统教育中，学生被包围在各种知识的海洋中，被给予，被灌输，学生要做的就是尽可能多地接受、吸收和记忆"灌"给他们的知识。

学生被太过庞杂、混乱的各种学科包围，他们得学习、背诵、理解一大堆名为数学、物理、化学、生物、动物学、植物学、解剖学、生理学、社会学、心理学、人类学、哲学、历史、地理、英语、传媒学、音乐、工艺学和古生物学之类的教科书。在每一门学科中，他们还得面临大量的日期、理论、事实、姓名及普通的概念。这意味着，学习者在面对知识和信息时所用的学习方法过于片面（见图2-2）。

图2-2 传统教育模式

注：传统教育中，学生被包围在各种知识的海洋中，被给予，被灌输，学生要做的就是尽可能多地接受、吸收和记忆"灌"给他们的知识。

我们可以从上面的插图中看出，我们太关注每门功课所包容的"单项"知识，也太注重以简化的顺序或预先设定的形式，如标准试卷或正式的论文，来让学生反馈这些知识。

这反映出它已成为高级中学、大学、继续教育学院及教材中所"推荐"使用的"标准"学习方法。这种方法往往以不变应万变，认为不同功课的学习都可以用相同的方法进行反馈。例如，人们通常建议，课本需通读三遍才能对它有个全面的理解。这是其中一个简单的例子，但即便是一些更高级的方法也是很僵化的，只是在每个学习过程中重复所谓的"标准"学习法而已。

显然，诸如以上所述的方法并不能成功地应用到每一门功课中，文学评论与高等数学的学习方法肯定是截然不同的。为了取得好的学习效果，我们必须注重方法，但不应强行以同样的方法套用到内容不同的学习中去。

学习者本人应该是中心，以此为出发点向外延伸，而不该让他被书本、公式、考试包围。首先要致力于教授学习者如何最有效地学习。我们必须了解我们的眼睛如何工作，以及我们如何记忆、思考、记笔记、解决问题、充分发挥我们的才能，而不管所学习的科目是什么（见图 2-3）。

如果我们转变重心，从强调知识转变为强调个人及个人吸收自己想要的信息、知识的方法，那么，前面所述的很多问题都会迎刃而解。人们将致力于学习与记忆那些有趣而又有必要的任何一种知识。知识不再是"被教授"或"被填塞"，每个人按照自己的情况主动选择学习的内容，并在自己认为必要的情况下寻求帮助与指导。这个方法的另一长处是，它将使教与学的双方都更轻松、更愉快，因而也更见成效。这种关注个人及其能力的方法最终可以将学习摆到一个更合理的位置上。

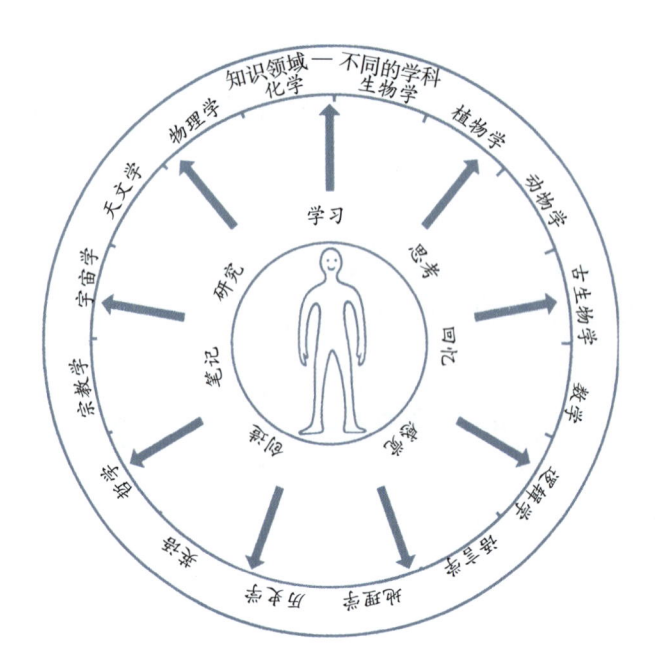

图 2-3 新教育体系

注：在新的教育体系中，以往的重心必须转变。不再只注重灌输各种知识，而是首先教会学习者了解自己的一切——如何学习、思考、记忆、创造、解决问题等。

下章提示

我们都会注意到，现代的学生如果想学习或研究任何事物，都可以找到相应的辅导手册和网站。但是，当我们谈及自己，作为世界上最复杂、最重要的生物体，几乎没有任何帮助可寻。我们需要有我们自己的"使用说明书"，以便了解如何使用我们自己这台"超级生物计算机"。《学习技巧》就是这样一本使用说明书。

第 3 章
博赞有机学习技巧（BOST）

本章所讲述的博赞有机学习技巧，将告诉你如何培养良好的学习习惯，以及如何克服对学习的恐惧和焦虑。在之后的4章中，我们将向你介绍如何在使用这个技巧的同时提升你的掌握速度，从而强化和扩展这个技巧的应用。其中包括如何在阅读中及阅读后提高你记忆阅读材料的能力；大师级笔记技巧，即思维导图，将帮助你完美地组织、掌握和记住你所快速阅读和学习的东西；在最后一章，我们将重温BOST，并用这些技能补充和强化这一技巧。

博赞有机学习技巧（BOST）分为两大主要策略：准备和应用。

首先要引起注意的是，尽管这些主要的步骤是按一定顺序排列的，但这一顺序并不重要，它是可以改变的，而且根据教材的需要可以有所增删。另外，你还需要阅读和复习快速阅读、超级记忆和思维导图等章节，从而将 BOST 这一技巧的效率发挥到极致。

3.1　BOST：准备

这一部分包括：

- 浏览。
- 时间与任务量。
- 5分钟思维导图练习。
- 提问与确定目标。

3.1.1　浏览

在其他工作开始之前，通读或浏览一下要学习的教材、杂志、讲义或期刊是很重要的。但这种阅读必须是随意的、快速的，一页一页地跳着看，对书有个总体"感觉"，注意书的结构框架、难度、图解与文字的比例，以及结果、总结和结论的位置等。总之，阅读方式应该像到书店选购书或在图书馆里找书、挑书一样。

3.1.2　时间与任务量

坐下来看书时，要做的第一件事就是决定看书时间的长短，以及在这个时间内的阅读量。

坚持阅读前要做这一步的理论依据是格式塔派心理学家们的发现（在继续阅读前，请完成下面的练习，见图3-1）。

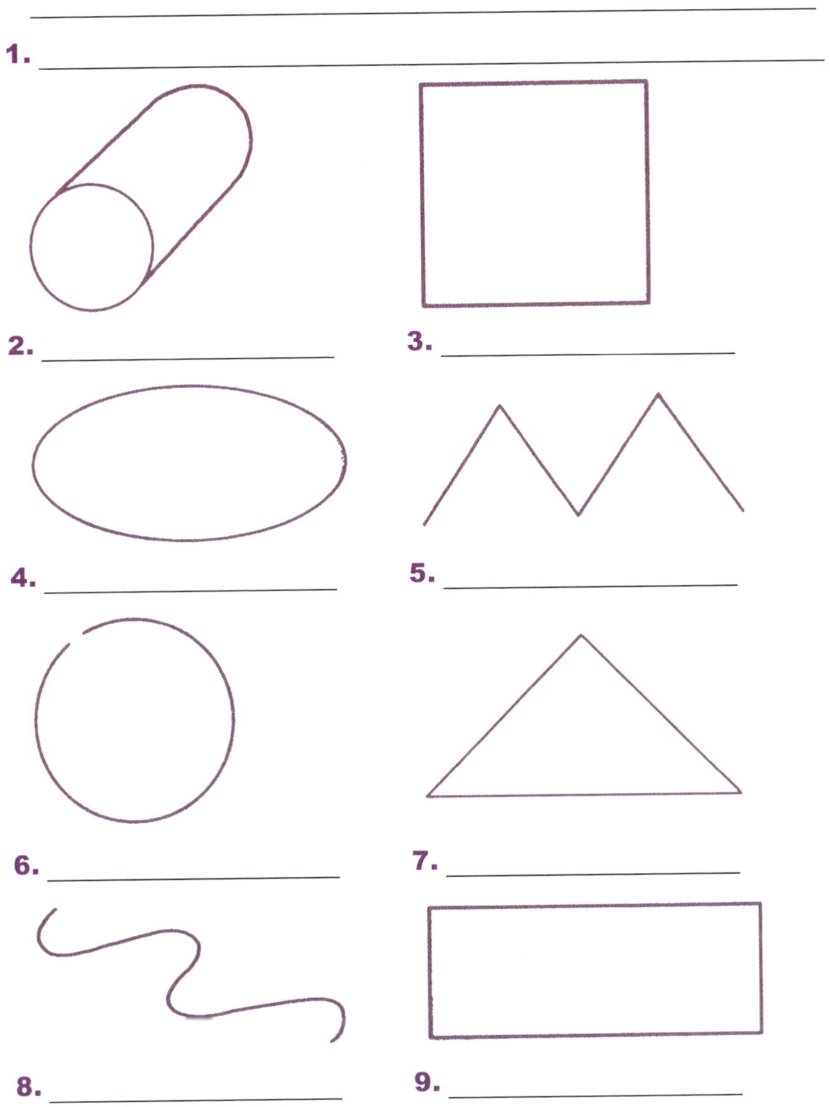

1. _____

2. _____   3. _____

4. _____   5. _____

6. _____   7. _____

8. _____   9. _____

图3-1 辨认图形：将以上每种图形的名称填到相应的数字后面

第3章 博赞有机学习技巧（BOST） 019

格式塔派心理学家们发现：人脑有"完善"事物的强烈倾向，大多数读者会不由自主地想给这些图形标上名称：直线、圆柱体、正方形、椭圆形、之字形、圆形、三角形、波浪线、长方形。事实上，其中的"圆形"并非圆形，而是"不完整的圆形"。有些人确实把这个断开的圆看作是完整的圆形；有些人虽然能看出这是不完整的圆形，但以为画图的人原本就是要将它画成圆形的。

在学习中，首先判断学习所需要的时间和任务量，能立即给我们确定学习时间与量的范围、终点或目标。这样做的好处是，可以使我们将所学的内容正确地联系起来，不至于杂乱无章。

让我们以听讲座为例来解释上述观点。好的老师在详细阐述一大堆难懂的论题之前，往往会先告知讲座开始与结束的时间，并说明每个论题所需的时间。因为有了向导，听众知道什么时间完成哪些内容，自然而然地更容易跟上老师的讲课节奏。

明智的做法是，在所选择的阅读章节的起始位置和终止位置各夹一大张纸作记号，以明确阅读量和阅读范围。这样做的好处是，可以使你前后查阅所选择的阅读内容。

在一开始就做出这些决定的另一个好处是，可以消除那种潜在的莫名的恐惧感。如果事先没有制订任何计划，便一头扎进一本厚厚的书中，你会不由得产生压力，时刻想着最后必须看完的页码。每次一坐下来，会不由自主地想到：还有厚厚的好几百页书要看。整个学习过程中都伴随着这种不安的情绪。相反，如果事先对在一定的时间内要看完多少页书做出合理的选择，你会在阅读时潜意识地自我暗示：任务很轻松，而且肯定能完成。两者在情绪和取得的成绩上都将有显著的差别。

3.1.3 5分钟思维导图练习

确定了学习任务量之后,接下来尽快写出你对这个主题所了解的一切。做这一练习时,时间尽量不要超过5分钟。

这一练习的目的是:

- 改善注意力。
- 消除神志恍惚。
- 确立良好的大脑"状态"。

确立良好的大脑"状态"是指,使大脑集中于重要的而不是琐碎的知识上。在你花了5分钟时间从记忆库中搜寻有关信息后,你会更多地考虑学习材料,而不会再去想随后要吃的草莓和冰激凌。

从这一练习的时间限制(5分钟)来看,它显然不需要你的全部知识——5分钟练习的目的纯粹是为了激活存储系统,并将大脑的状态调整到正确的方向上。

有人会问:"我对主题一无所知,这和知道得很多又有什么区别呢?"

如果对于主题知道得很多,那么5分钟的时间应该用来回忆与主题相关的主要分支、理论、姓名等内容。由于脑比手快,所以,在写的过程中内容之间的一些较细微的联系也会被头脑中的"眼睛""看见",于是,良好的大脑状态与方向就确立了。

如果对于主题所知甚少,那么5分钟的时间应该用来回忆你所知道的事项,并且加上其他看起来在某种程度上与主题有关的信息,这将使你尽可能地贴近主题,并防止你在这种情形下不知所措。

于是,你通过收集信息,获取了自己感兴趣的领域里最近、最新的知识。通过这种方式,能使自己跟上时代的步伐,并切实地了解自己到底知道些什么,而不是让自己永远处于不了解自己到底知道些什么的尴尬状态——"我话已经到嘴边了"综合征。

3.1.4 提问与确定目标

确定了你对主题所了解的知识之后,你需要决定要从书中得到什么。这需要你确定在阅读时想得到答案的问题,而且这些问题应该与你所期望获取的知识直接关联。许多人在做这项工作时喜欢使用不同色彩的笔,把他们的问题添加到知识框架中。做这一工作的最好方法是使用思维导图(参见第 6 章)。

这一练习与前面记录知识的练习一样,也是为了确立良好的大脑状态。其时间也不要超过 5 分钟,因为问题可以一边读,一边确定和增加。

知识和目标为什么很重要

为了说明这一点,我们做了一个实验。实验将人员分为 A、B 两个小组,组员的年龄、教育程度、能力基本相当。给每组分配相同的学习材料,给予相同的学习时间。

A 组被告知,他们将被测试书中所有的内容,请他们有针对性地学习。

B 组被告知,他们只被测试贯穿整本书的两三个主题,也请他们有针对性地学习。

事实上,两组都要就学习材料的全部内容进行全面测试。你马上会想,这样做对被告知要测试两三个主题的一组太不公平了。

可能也有人会认为,在这种情况下,似乎 B 组在有关主题的测试上表现要好些,而 A 组则会在其他内容的测试上表现要好些。其实最终两组的得分可能是相同的。但令人惊讶的是,B 组不仅在有关主题的问题上得分高,而且在其他内容的测试上得分也高,总分比 A 组高出许多。

之所以会如此，是因为这些主题就像巨大的钩子，将所有其他信息聚拢在一起。换句话说，这些重要问题与目标起着联络中心的作用，使得联系其他信息变得容易了。

而 A 组被告知去获取全部内容，反而没有了明确的中心来连接信息，以致在整个学习过程中漫无目标地摸索。这种情形就像一个人有太多的选择，反倒让他没了主意：这正是想抓住一切反而一无所获的悖论。像之前说的一样，提问与确定目标在我们了解了其背后的理论之后，会变得越来越重要。必须强调的是，这些问题与目标越确切，你在下一步的应用部分中将会做得越好（至于如何为这一应用阶段制作思维导图，在第 6 章有解释）。

3.2 BOST：应用

这一部分讲解"应用"，它主要包括：

- 总览。
- 预习。
- 精读。
- 复习。

3.2.1 总览

人们使用课本时的一个有趣现象是：大多数人在接触新课本时，都是从第 1 页开始阅读的。但我建议，不要从第 1 页开始阅读新的学习材料。原因如下：

假如你是一个拼图游戏爱好者。一个朋友来到你家的门口，手里拿着一个大盒子，盒子外系着丝带。她说这是送给你的礼物，是"人类有史以来最漂亮、最复杂的拼图游戏"。你谢过她，看着她走下门前的台阶。你从那一刻就决定投身到这个游戏中去了。

在继续下一步之前，请写下从现在到完成拼图的整个过程的详细步骤。然后对照下面我的学生所列出的步骤：

1. 回到屋里。
2. 解开丝带。
3. 打开包装。
4. 扔掉丝带与包装。
5. 看包装盒上的图案。
6. 看说明书，注意拼图数量与尺寸。
7. 估计完成的时间。
8. 计划休息与吃饭的时间。
9. 找一个大小合适的平板放拼图。
10. 打开盒子。
11. 把盒子中的东西倒在平板上或一个专门的盘子里。
12. 再检查拼图数与说明书上是否一致。
13. 将所有的拼图放到左上角。
14. 找出边、角图块。
15. 按颜色分类。
16. 拼入最明显的部分。
17. 再继续拼入。
18. 留下难的到最后（因为随着整体图案越来越清晰及拼入的拼图数量的增加，那些难拼的图块很容易通过上下结构找到相应的位置）。
19. 继续，直到完成。
20. 庆祝！

这个拼图游戏的步骤也可以直接应用于学习。

这个例子告诉我们：从第 1 页开始学习，就像你在拼图开始时就要找到左下角的某个图块，并坚持认为，只有从那个小角落出发，才能一步步拼完整个图案。

当我们学习较难的材料时，最重要的一点是，在我们决定辛苦地从头到尾看书前，先好好把握其内在的东西。BOST 中的"总览"就是专门用于完成这项工作的。这好比我们在拼图前先看图，读说明书，找边、角图块一样。这就意味着，在学习课本时应迅速翻阅整本书，从中找出那些非常规印刷字体的内容。在此过程中，你可以使用视觉导引物，如一支铅笔等。

你在总览一本书时应该看以下方面：

结果	表格	副标题
小结	目录	日期
结论	旁注	斜体字
引用	图解	图表
词汇表	大写单词	脚注
封底	图片	统计数字

其作用是让你对书的体例有更好的认识，不用浏览全书，只是选择相对容易理解的部分，见图 3-2（快速阅读是非常有效的工具，参见第 4 章）。

图 3-2　学习材料中需要总览的部分

"总览"时，必须使用笔或其他视觉导引物，这一点非常重要。

我们可以通过看一个图案来解释为什么必须使用导引物。如果眼睛没有什么东西辅助，眼底只留下图案的整体轮廓，拿开图，大脑中仅有一个模糊的视觉记忆，而且会不断受到干扰，因为人眼的移动轨迹不可能与图案的曲线相同（见图3-3、图3-4）。

如果使用了视觉导引物，那么眼睛的移动将更接近图案的曲线，记忆也会由于下列因素而得到强化：

1. 视觉记忆本身。

2. 眼睛移动的视觉记忆更接近图案的形状。

3. 胳膊或手追踪图案中曲线运动的记忆（动觉记忆）。

4. 跟踪节拍与运动的视觉记忆。

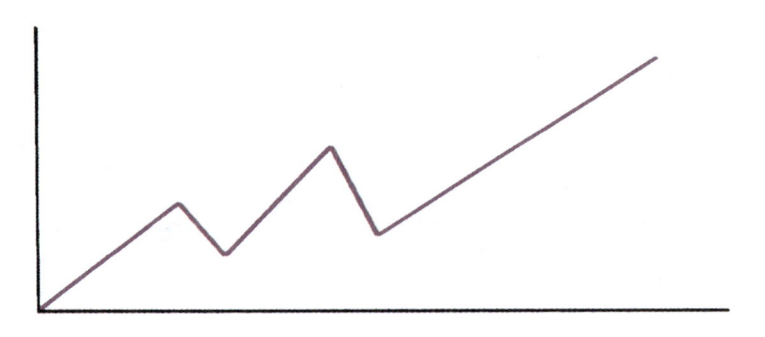

图3-3 所要学习的实际图案

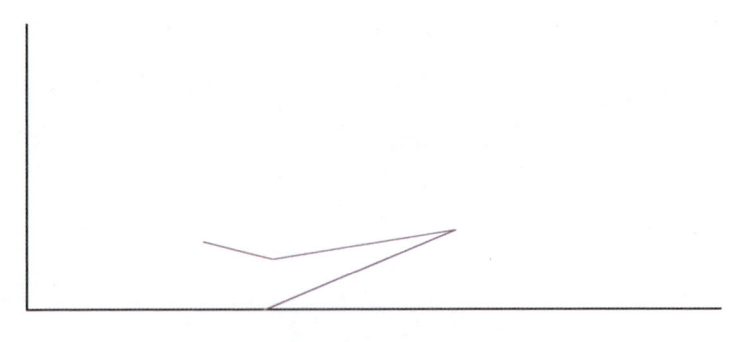

图3-4 眼睛没有辅助物时所记忆的标准图案

通过辅助物的帮助而获得的总体记忆比那些不用辅助物获得的记忆强得多。我们会看到这么一个有趣的现象：会计在看账目时，都会不约而同地用笔沿着一行行、一栏栏的数字移动。他们之所以这样做，是因为若没有辅助物的帮助，他们的眼睛难以严格按直线运动。

3.2.2 预习

顾名思义，所谓预习也就是预先学习或预先看。在快速阅读一篇文章之前，如果你让大脑看到这一整篇文章，那么在你第二遍阅读时，你就能够更有效地驾驭它。

在正式阅读学习材料之前先预习它，就好比从 A 地开车到 B 地之前先计划一条线路。你需要了解地形，然后决定是走一条风景优美的远路，还是抄一条近路。

应该把预习应用到你所学习的一切事物中，其中包括人际沟通。如果预习得当，它可以为你节省大量的时间，提高你的阅读理解水平。

预习的方法

在开始阅读一本书或一份文件之前，首先要明白自己已经知道了什么，而且还要明白自己想通过阅读获得什么。先略读文章，找出核心内容。如果文章所述内容是你已经知道的，那么就将这一事实记录下来，以供参考。

高效地记录你所阅读的一切东西，并且运用你之前获取的知识评价你所阅读材料的相关性。

预习时，注意力要集中在各个段落、章节，甚至全文的开始、结束部分，因为信息往往集中在这些地方。

阅读一篇简短的学术论文或一本复杂的教材时，可以先看"小结""结果"和"结论"部分。这些部分往往包含你所寻找信息的精髓。这样，你就不会费时费力而又不得要领了。

在获得了文章的实质内容后，下一步很简单，就是检查它们是否真正总结了文章的主题。

在预习时，可像"总览"一样，不必看全部内容，只是集中看那些特殊的部分即可（见图3-5）。

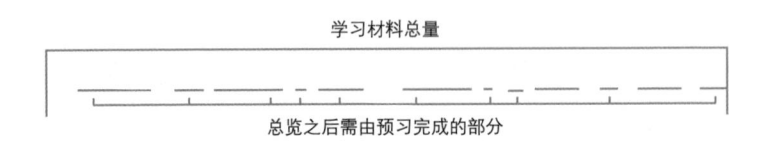

图3-5 学习材料总览后需要预习的部分

成功的策略

这一步的作用不容忽视。一个牛津大学的学生花4个月的时间拼命看一本500页厚的心理学书籍，看到第450页时，他快绝望了，到最后他想"抓住"的信息量太大，不等看完，就被信息淹没了。

原来，他是从头一直看下去的，虽然快到结尾了，却甚至连上一章讲的是什么他都不清楚。而结尾就是对整本书的总结！他最后才阅读了这一部分，如果他一开始就这样做的话，他会为自己节省70个小时的阅读时间、20个小时的记笔记时间，还有几百个小时的忧虑时间。

所以，总览与预习时，你应该有所选择和摒弃。很多人仍然习惯于强行看完书中的一切，尽管他们知道书中并不是所有的信息都与他们相关。看书应该像听演讲一样，演讲者滔滔不绝地讲一些乏味的东西，时而举太多的例子，时而偏离主题或犯些错误，而我们听时要有所选择，要批评、纠正与忽略某些内容。

3.2.3 精读

在总览与预习之后，如果仍然需要寻找更多的信息，那么你就应该精读材料。这就像拼图游戏的边界与彩色区域拼完以后，接着要"填充"那些剩余的区域一样。因为在前面几个步骤中，你已经获取大部分重要信息，所以不必全面阅读（见图 3-6）。

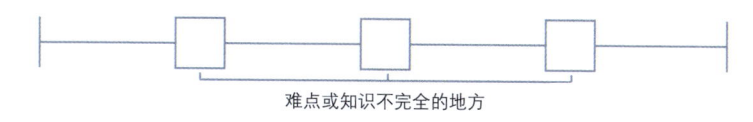

难点或知识不完全的地方

图 3-6　精读完成后需要学习的部分

从图 3-6 中我们看出，即使在精读阶段结束后，仍会有未阅读的部分。这是因为，我们最好避开那些特别困难的部分，不要用一种方法强行去解决难点（见图 3-7）。

再联想一下拼图游戏的过程，就会清楚为什么要这样做：迫使大脑强行找出与难点一样的遗留拼图是一件吃力不讨好的事；这就像勉强将拼图拼入某一块，或用剪刀去剪，都是徒劳无益的一样，而且难点对其随后部分的理解并不总是很重要，而暂时撇开不管则有以下好处：

1. 如果不急于处理这些难点，大脑潜意识就会有时间集中注意力去解决这些问题（大多数读者考试时会有这样的经验：有些问题一时难于解答，但在做完其他题目再回头看时，答案却自己"蹦"了出来，难题会显得出奇地简单）。

2. 如果晚一点再回头处理难点，那么对它们可以从两侧着手处理。除了这一明显的优势外，从"上下文"考虑难点（就像拼图中难拼的图块），还可以让你大脑自动"补缺"的优势发挥到极致。

3. 撇开难点，继续向前，可以放松精神，避免传统学习法带来的弊端。

综观任何学科的历史发展，它总是由一系列相当规则的、按逻辑关系连接的小进程组成，这些进程却总是被一个个大的飞跃打断。

那些飞跃的提出者们凭直觉感知到了这些新的进步（结合左右半脑的功能），然而却遭到嘲弄。伽利略、爱因斯坦便是如此。当他们一步步解释他们的理论时，别人也慢慢地理解和接受了。一些人接受得比较早，在他们刚开始解释的时候就接受了；另一些人则比较晚，在他们快要得出结论的时候才接受。

图 3-7 "跳过"难点

注： 跳过难点，之后再回头处理，这样读者在拥有更大量的信息后，可以从"另一侧面"考虑问题，而且难点对于理解其后的内容往往并不很重要。

这些革新者以同样的方式跨越了大量按部就班的步骤。以上述方法去学习，学习者若也能跨越一些小区域，那么，他就会有更大的余地充分发挥自己的天然创造力与理解力（见图 3-8）。

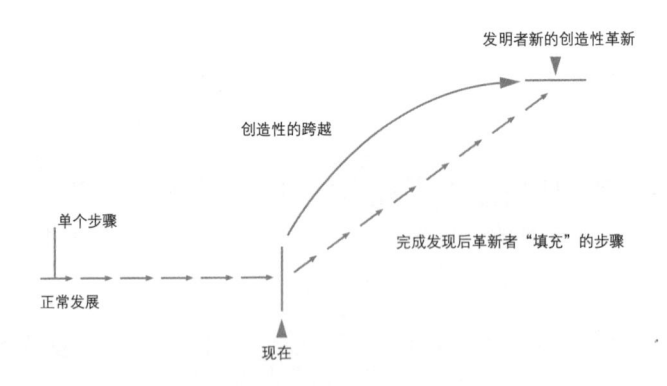

图 3-8 思想理论和创造性革新的历史发展

3.2.4 复习

完成了总览、预习和精读后,如果还有内容有待发掘,还有疑问需要解答,就有必要复习了。这个阶段很简单,就是完成前几个步骤未完成的部分,并将那些值得注意的内容重新斟酌一番。在大多数情况下,你会发现,从前认为相关的那些内容最终只有不到 70% 会派上用场。

3.3 记笔记的要点

边学习边记笔记的形式主要有两种:

1. 写在书上的笔记。
2. 不断扩展的思维导图(参见第 6 章)。

写在书上的笔记包括:

1. 下画线。
2. 由学习材料所激发的个人感想。
3. 批判性评注。
4. 在重点或值得注意的内容旁画直线。
5. 在模糊或疑难的内容旁画曲线或波浪线。
6. 在你希望进一步研究或发现有疑问的内容旁画问号。
7. 在精彩的内容旁画感叹号。
8. 用自创的符号为那些与自己目标有关的内容作标记。

直线标示重点或值得注意的地方　　曲线标示难点或不清楚的地方

如果书不是很珍贵，可以直接用彩笔在书上作标记；如果书很珍贵，可以用软铅笔作标记。如果铅笔比较软，而且涂改时用的橡皮也很软，那么对书的损伤会很小，甚至小于用手指翻阅给书带来的损伤（至于如何为这一应用阶段制作思维导图，在第 6 章有解释）。

3.3.1　用思维导图记笔记

随着学习的进度用思维导图的方式标示课文内容的结构，你会发现它是一个非常容易使用的学习工具，且与拼图游戏中一点点按图拼凑的过程很相似（要了解如何为不同的学习内容绘制思维导图，请参阅第 6 章和第 7 章）。

随着学习的进度不断扩展，思维导图的好处是能将大量的未定信息具体化、综合化。有了这个不断扩展的思维导图作为依据，你就能迅速地回顾、参考已经阅读过的内容，而不必再一页页地翻看阅读过的内容。

在完成了基础学习之后，思维导图能使你明白这一主题的难点在哪里，以及这个主题与其他主题是在什么地方产生联系的。这样做能使你保持在一个创造的状态，使你能够：

- 将已知的知识融会贯通。
- 认识它与其他领域的相关性。
- 在有歧义及混乱的地方进行适当的评论。

在学习的最后阶段，需要把从学习材料中摘录的笔记融入进来，并完成思维导图。这样这幅思维导图就可以作为日后学习与复习的基础了。

在完成最后阶段，正如做完拼图游戏一样，你该庆祝一下！这听起来很可笑，但却是很重要的。如果你将完成学习任务与对自己的鼓励联系在一起，那么学习将变得更令人愉快，学习效果也将更显著。

一旦学习计划顺利进行，你最好保存好内容丰富的"大师级"思维导图，用来概括学习主题的主干与结构（至于思维导图笔记，请参照第 6 章）。

3.3.2 持续复习

除了即时的复习，持续复习也很重要，请参照有关记忆的内容（第 5 章中的内容）。

我们知道，记忆量在学习结束后不会立即下降，而是先上升，再持平，最后陡跌。

通过图 3-9 可以看出，我们应该在记忆开始跌落的那一刻起复习，使记忆一直处于顶峰状态，并把知识融会贯通，使之保持一两天。

3.4 博赞有机学习技巧小结

- 不能将整个博赞有机学习技巧看成是一步接一步进行的，而应该将它看成是一系列相互联系的学习方法。后面与技能有关的 3 章内容对博赞有机学习技巧有直接的影响。
- 这里给出的顺序是完全可以改变的。
- 在限定看书时间前可以先确定学习的任务量；在确定看书时间与任务量前，你可以先对主题有所了解，因此，与主题有关知识的思维导图应该先完成；提问应该是在准备阶段或稍后的任意一步之后进行；对于不适合总览的书籍，则可以省去这一步；如果所学习的学科是数学或物理的话，总览则可以被重复多次（一个学生发现，连续 4 周用总览技巧快速地阅读 4 章研究生的数学教材，每周 25 次，比起每次费劲地记一个公式的效果要好得多。当然他是把这种方法运用到了极致，因此很有效，对于难点的处理他采取了先跳过去的方法）。预习可以省去几个部分，也可以分成几个部分；精读与复习显然可以根据需要多次进行，也可以省去。

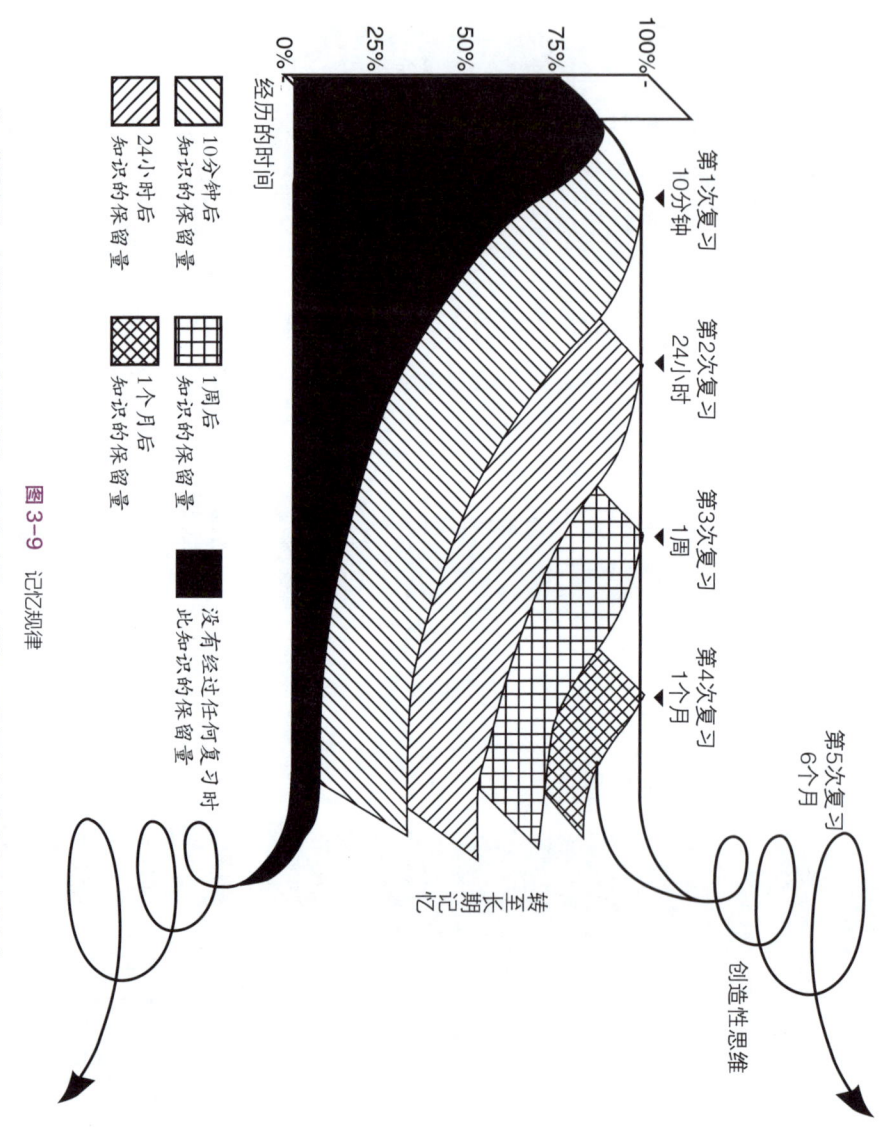

图 3-9 记忆规律

注：此图表明，在学习后遗忘会很快发生，同时还表明，怎样复习可以把这种遗忘变为巨大的优势。

换句话说，任何学科或其学科的任意一篇文章或任意一本书，都应以最适合它的方式来学习。对于每一本书，你都要带着不论其多么艰涩总会获取一些基本知识的信念，去为它选择一些合适和必需的独特学习方法。

这样，你的学习就会是一个有个性的、相互影响的、不断变化与积累经验的过程，而不是刻板的、没有个性的和乏味的繁重负担。

还应该注意，尽管表面看来好像这本书被阅读了很多次，但实际上并不是如此。应用博赞有机学习技巧阅读，大部分章节平均只看一次，只需要对重点部分进行有效的复习就可以了。图 3-10 就可以说明这一点。

图 3-10　用博赞有机学习技巧阅读一本书的"次数"

相反地，那些仿佛"只看一遍"的阅读者，实际上不止阅读一次，而是无数次重复阅读（见图 3-11）。他认为自己只看了一遍书，是因为他每次在吸收一条信息后再吸收另外一条。但他没有意识到，自己在无数次地回跳，反复地斟酌难点，因而整体知识结构松散，而且由于复习不充分，学到的知识也容易遗忘。这样，每本书或每个章节，他往往实际上读了十几次。

图 3-11　传统的"只看一次"阅读法的读书"次数"

> **下章提示**
>
> 博赞有机学习技巧让你的大脑以越学越轻松的方式带领你愉快地步入知识的殿堂，并使你从一个"勉强"的学习者变成一个孜孜不倦的好学者，可以几百本、几百本地"吞"书！下面的几章将向你讲述如何把快速阅读、超级记忆和思维导图融入博赞有机学习技巧中。

第 4 章
快速阅读

快速阅读是一个完整的知识吸收的过程。快速阅读技巧能够让你优先考虑并记住那些重要的事情和数字。

快速阅读将提高你的学习能力。学会有效地快速阅读，可以：

- 大大提高你的阅读速度。
- 改善你的注意力和理解力。
- 增进你对眼睛和大脑协同工作方式的理解。
- 扩大你的词汇量和常识。
- 为你节省时间，并能增强你的信心。

要解决的问题有：

- 确定阅读内容：选择的艺术。
- 理解阅读内容：有效的笔记和理解。
- **记住**信息：如何记住你想知道的东西。
- **回忆**信息：根据需要能够随时回想起你所需要的信息。

在本章中你将学习到的学习技巧有：

- 自我测评阅读速度。
- 导引阅读技巧，帮助你从书本上以更快的速度吸收更多的信息。
- 将阅读问题转化为自己的优势。
- 你将：
    - 更好地集中注意力。
    - 理解得更多。
    - 跳读和略读，用来了解问题的关键。
    - 创造良好的阅读环境。

学完这些基础知识之后，我们将用一个小节介绍如何通过前缀、后缀和词根扩大你的词汇量。这有可能使你轻松地把词汇量从 1000 个单词扩展到 10 000 个单词。

快速阅读对大脑的好处有：

- 你的眼睛将不再那么费力地工作，因为你不必经常停顿用它来吸收你所阅读的信息。
- 快速阅读可以使你有节奏地、流畅地阅读和轻松地领略文章的意思（慢速阅读则会促成更多的停顿，造成厌烦和注意力丧失，从而抑制理解能力的发挥和降低对阅读材料的理解）。

4.1　阅读速度自我测试

在学习后面的快速阅读技巧之前，我建议你测试一下自己的阅读速度。现在你最好选择一本专门用于评估你阅读速度进步的书。这样，随着本章的介绍，你可以清晰地看到你所取得的进步，了解你每天、每周的进步。

你可以用下面的步骤计算你的阅读速度——每分钟阅读的字（单词）数：

1. 阅读 1 分钟——标出你的开始和停止的位置。

2. 统计 3 行的字数。

3. 用这个数字除以 3，即平均每行的字数。

4. 统计阅读的行数（短行则折算一下）。

5. 用平均每行的字数乘以你所阅读的行数，然后除以阅读所用的分钟数，其结果就是你的阅读速度，即每分钟所阅读的字数（wpm）。用方程式可以表示为：

$$阅读速度 = \frac{所读页数 \times 每页平均字数}{阅读的分钟数}[1]$$

如果你用本书所描述的方法阅读,你将很快学会快速阅读,从而为你的学习和理解积累宝贵的经验。

4.2 你是如何阅读的

你是否曾经想过你是如何阅读和吸收信息的?本章所讲述的快速阅读技巧将使你的阅读速度达到每分钟 1000 个单词,但是在学习这个技巧之前,我们先用一点儿时间来了解一下如下几种说法:

- 一次只看一个单词。
- 阅读速度每分钟不超过500个单词。
- 如果阅读速度很快,你就无法欣赏所阅读的内容。
- 阅读速度快则意味着注意力低下。
- 一般阅读速度很自然,因此也就最好。

对于上述说法,你认为哪些"正确",哪些"错误"?

- 一次只看一个单词。

  错误——我们阅读的目的不是理解单个的单词,而是整体的意思。

- 阅读速度每分钟不可能超过500个单词。

---

[1] 自我测试里的字数是指汉字字数。书中其他部分所指字(单词)数是按英语计算。中文读者请注意这一区别,有关阅读速度的标准对于中文读者来说仅作为参考依据。

错误——我们有能力每次吸收6个单词,每秒钟可以吸收24个单词。
- 如果阅读速度很快,你就无法欣赏所阅读的内容。

  错误——快速阅读者能更好地理解所阅读的内容,注意力能更加集中,而且有时间评论特别感兴趣的内容和相关的领域。
- 阅读速度快则意味着注意力低下。

  错误——阅读速度越快,受到的刺激就越多,注意力就越集中。
- 一般阅读速度很自然,因此也就最好。

  错误——一般阅读速度并不自然,那只是有缺陷的阅读训练的结果。

改变个人传统的信念将有助于你理解快速阅读的进程,而且还将促使你走向成功,因为你的思想将不会在错误理念的重负下妨碍你进步。

4.3　引导眼睛运动

如果我在一旁看你阅读这本《学习技巧》,并且要你用食指显示你阅读时眼睛在页面上的运动速度,你认为这一运动的速度和路线是怎样的?大部分人的回答是:沿直线从左到右运动,逐渐移动到页面下方。然而,这个回答是错误的。

"停顿开始"扫视

一般人的阅读速度大约为每分钟200~240个字。一行一行地阅读是吸收信息的有效方式,但它不是最快的方式。人的眼睛扫视页面的方式有很多种,而且同样能够成功地吸收信息。

我们在阅读的时候,要想获得信息,眼睛必须有规律地做小的"跳跃"、停顿或"凝视"(见图4-1)。因此,眼睛不是平滑地沿页面连续移动,而是需要停顿和开始,这样才能吸收信息。因此,我们可以通过减少眼睛每次停顿的时间,来迅速提高阅读速度,但这需要使用导引物,如铅笔。有趣的是,眼睛只有在凝视时才能看清事物:

- 如果某个物体是静止的,那么为了看见它,眼睛也必须是静止的。
- 如果某个物体是移动的,那么眼睛也必须随着物体移动才能看见它。

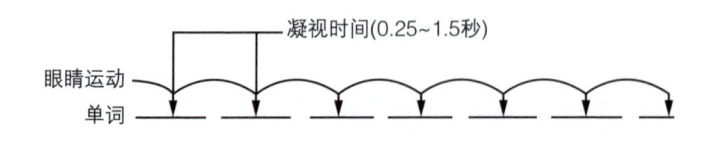

图 4-1 阅读过程中眼睛"停顿、开始"运动或"跳跃"示意图

你可以把一根手指放在眼睛前面来验证这一点。当手指静止时,眼睛也是静止的;当手指移动时,眼睛跟随它移动才能看见手指。联系到阅读来讲,这就意味着,要想看清文字,眼睛必须作短暂的停顿,因为文字是静止的。这是一个很重要的快速阅读概念。眼睛在每次停顿时可以摄入五六个单词。眼睛可以很轻松地在一行的开始之后和结尾之前凝视,从而摄入"两旁"的信息。因此,使用视觉导引物可以使眼睛必须做的工作量最小化,使大脑保持集中,使阅读速度保持稳定,同时保持很高的理解水平。慢速阅读者不良阅读习惯如图 4-2 所示。

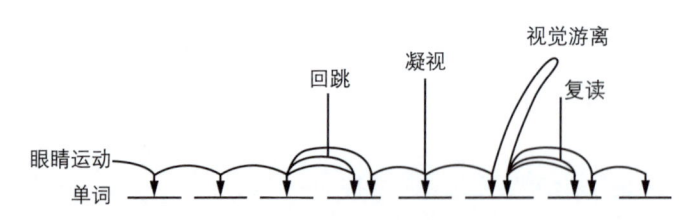

图 4-2 慢速阅读者不良阅读习惯示意图

注:这类阅读者每次只看一个单词,并且在阅读过程中伴有无意识的回跳、视觉游离及有意识的复读。

图 4-2 显示了那些较差的阅读者的眼睛运动。这类阅读者用比大多

数人多一倍的时间来停顿或凝视单词。造成这些额外停顿的原因是，这类阅读者常常重读单词，而且有时往回跳 3 次之多，以便能正确理解词语的意思。研究表明，80% 的情况下，当不允许阅读者回跳或复读时，他们实际上已经理解了所有必要的信息。

图 4-3 显示了那些较好的阅读者在既没有回跳也没有复读的情况下，在词组之间也有较大幅度的跳跃。

以每行 12 个单词的标准页面计算，那些较差的阅读者每次凝视一个单词，并且回跳或复读两次，大约停顿 14 次，平均每 0.5 秒停顿一次，这样他阅读每行需要 7 秒钟。而快速阅读者对眼睛运动稍作调整，在没有干扰的情况下，他阅读每行只需要 2 秒钟。

接下来所讲的技巧用于解决妨碍你进步的回跳、视觉游离和复读等问题，并且使你在每次凝视时摄入越来越多的单词，正如图 4-3 所示的那样。

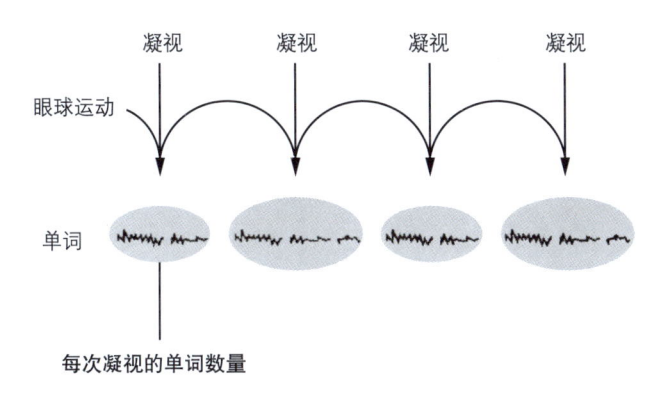

图 4-3　高效阅读者的眼睛运动示意图

注：这类阅读者每次凝视能摄入更多的单词，并且减少回跳、视觉游离和复读的次数。

4.4　加快阅读速度的七个步骤

阅读通常被描述为"从书中捕捉作者的意图"或"吸收事实、

数字和理论"；但我认为，阅读是个人与符号信息之间的全部相互联系。

这一定义的核心是同时发生在不同层面上的一个过程，它通常与学习的视觉方面有关。为了使你了解更多的阅读知识，也使你的阅读方法更有效，你需要学习理解七个层面。如果你想成为一个高效的快速阅读者，这其中的每个层面都必须得到进一步的开发。

1. 辨识。

2. 吸收。

3. 理解。

4. 知识。

5. 保留。

6. 回忆。

7. 交流。

1. 辨识

辨识，指你对字母符号知识的了解。这一步骤在真正的阅读开始之前就发生了。

2. 吸收

吸收，指光从单词上反射并被眼睛吸收，再经由视觉神经传送到大脑的物理过程。

3. 理解

理解，指将正在阅读的信息的各个部分与其他相关部分联系起来。这包括单词、数字、概念、事实和图片（我把它称作"内部整合"）。

4. 知识

知识，指你把先前所学的知识整体用于正在阅读的新信息中，并将二者恰当地关联起来的过程。这一步骤包括分析、批评、鉴赏、选择与摒弃（我把它称作"外部整合"）。

5. 保留

保留，指信息的基本存储过程。存储本身也可能成为一个问题。很多学生都经历过因考试焦虑而无法记起某些重要知识的状况。仅仅存储本身还不够——它必须伴随着回忆同时进行。

6. 回忆

回忆，指从记忆库中提取所需信息的能力，尤其是在需要的时候能够将其提取出来。

7. 交流

交流，指知识的即时或最终使用，即写作、考试、创造力展示。最重要的是，交流还包括一个非常重要的能力——思维。

现在你已经理解了阅读的完整定义及其在加快阅读速度方面的应用，那么就让我们继续处理一些主要的阅读问题吧。

4.5 解决阅读"问题"

"一个问题在经过正视、分析和理解之后，就可以成为促使你寻找创造性解决方案的积极动力。"

我们许多人对于阅读及我们的阅读能力都有不正确的认识。花费一点时间考虑你的阅读问题，最常遇到的问题有：

视觉　　速度　　理解时间
阅读量　记笔记　保持　　畏惧　　回忆
疲劳　　乏味　　分析　　组织
词汇　　选择　　抗拒
注意力

上述问题的产生不是因为能力缺乏，而是因为我们观念错误、教学方法不正确，或缺乏对眼睛与大脑如何协同工作以吸收信息的了解。

如果变换一种视角，四个常见的阅读"问题"实际上对于学习快速阅读是非常有好处的。它们是：

默读
手指引导阅读
复读
回跳

4.5.1 默读

默读就是倾向于"开口读出"正在阅读的词语。这是在学习阅读的过程中一个自然的阶段。如果依靠默读来增强理解，那么它将成为学习快速阅读的障碍，因为它有可能降低阅读单词的速度。然而，由于大脑完全有可能以每分钟 2000 个单词的速度默读，因此，这一问题是不存在的！

默读的好处是，它可以强化正在阅读的内容。你可以根据需要来增大音量或在内心喊出来，从而有选择性地使用你的内在声音来强调重要的词语或概念。这一技巧之后就可以成为一个有益的助记工具。

默读对于有"诵读困难"的读者也非常有好处，因为在内心"说出"所阅读的单词的声音，可以提醒读者个别字母的形状，从而刺激大脑。

4.5.2 手指引导阅读

大多数人都发现跟随着导引物阅读更加舒服，这可以使他们的眼睛更加放松，也更加高效。这是因为眼睛总是做跟随运动的。用手指引导阅读实际上还有助于学习快速阅读。我建议你使用一个较纤细的、专门用于辅助阅读的工具，因为手指较粗有可能遮盖住某些阅读内容。

4.5.3 复读和回跳

复读是有意识地回到那些你认为遗漏和误解的单词、词组或段落上去。

回跳与复读类似，但它是无意识地重读阅读过的内容。

尽管复读与回跳有所差别，但它们都与缺乏信心，以及喜欢停留在阅读的"舒服区域"有关。这些阅读习惯都是可以改变的。

研究表明，重读材料对于提高理解水平没有任何意义，所以，你所做的只是增加对眼睛的压力。破除这些习惯最简单的方法就是加快你的阅读速度，而且要保持同一个阅读节奏。

4.6　神奇的眼睛

你的每只眼睛都是一台神奇的光学仪器，其精确度和复杂度甚至使最先进的天文望远镜或显微镜也相形见绌。我们的瞳孔会根据光的强度和物体的远近来调节其大小，光越强，物体越近，瞳孔就越小。

瞳孔的大小还会随感情而变化。例如，你凝视着你感兴趣的某个人时，你的瞳孔就会自动放大。这意味着，你对物体的兴趣越浓厚，并且能够保持这一兴趣，那么你就越容易吸收你所需要的信息。

眼睛是如何"阅读"信息的

位于眼睛后面的视网膜是一个光接收器。当眼睛接收到一系列复杂的图像时，视网膜光接收器就把图像解码，并把它们沿着视觉神经传送到大脑的视觉区域——枕骨脑叶。

枕骨脑叶并不是位于眼睛的后部，而是位于大脑的后部，因此，"脑袋后面长了眼睛"这一通俗的说法是正确的，我们"脑袋后面"确实有眼睛。

枕骨脑叶引导眼睛在书页上寻找大脑感兴趣的信息。这一认识为下面将讲到的革命性的阅读方法奠定了基础。

4.7　训练"脑眼"的练习

下面系列练习的目的是拓展你的视觉能力，使你能够在"一瞥"之间吸收更多的词语。

4.7.1　测量你的水平视觉和垂直视觉

首先通读下面的说明，或者请一位同学为你阅读这些说明，你遵照指示执行：

直直地向前方望去，注意力集中在水平方向尽可能远的一个点上，然后：

- 把两根食指指尖在面前距离鼻梁大约10厘米远的地方对在一起，使两根食指形成一个水平线。
- 开始移动指尖，然后沿着水平线缓慢地将它们分开，同时眼睛仍然盯着远处你所选择的那个点（同时你还需要分开你的胳膊和肘部，但是要让它们沿着水平线移动）。
- 继续移动，直到指尖移出你的视野，看不到眼角之外手指的运动为止。
- 停下来，让你的朋友测量你的两根手指所开开的距离。

现在重复这个练习，但这次要一个指尖朝下，另一个指尖朝上，让两个指尖竖着对在一起，形成一条垂直线。同样将它们放在鼻梁前大约10厘米的地方。

- 开始移动指尖，然后沿着垂直线缓慢地将它们分开——一个朝上，一个朝下，同时眼睛仍然盯着远处你所选择的那个点，直到指尖移出你的顶端和底端视野。
- 停下来，测量你的两根手指所分开的距离。

你是否对你所看的东西和范围感到吃惊?因为你明明注视的是其他东西。这怎么可能呢?

答案在于人类眼睛的独特设计。你每只眼睛的视网膜中都有1.3亿个光接收器,这就意味着你一共有2.6亿个光接收器(见图4-4)。

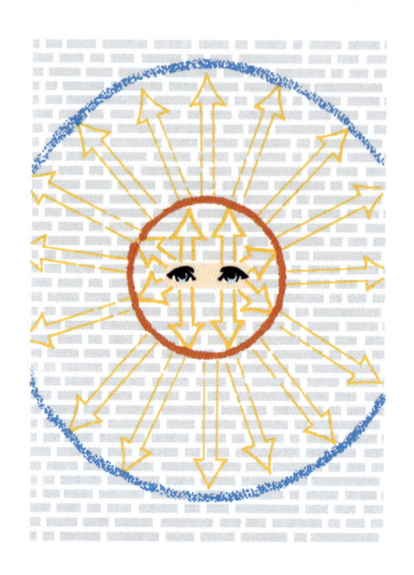

图 4-4　视觉范围

注:当大脑/眼睛系统运动得当时,里面的圆形区域显示的是快速阅读者清晰的视觉区域,外圆环是可以利用的外围视觉区域。

你的中心焦点(用于读书或凝视远处的部分)只占你光接收能力的20%,剩余80%的光接收器都贡献给了外围视觉。

在阅读的时候学会利用外围视觉,你将开始利用巨大的、未开发的外围视觉的潜力,也就是脑眼的潜力。

这里所说的"脑眼"指的是什么?其意思是,用你的整个大脑去阅读或观察的能力,而不是仅仅用眼睛。这是那些练习瑜伽、打坐或祈祷的人所公认的一个概念。另外,那些学习用"魔眼"看三维图片的人也熟悉这个概念。

4.7.2 用你的脑眼看

阅读完下面练习的说明之后，把书翻到 52 页，把你的手指放在页面上的词语"火车站"下面。使你的眼睛完全聚焦于这个中心词语，并且不要移动：

- 你在中心词语的两侧能够看清多少个字。
- 你能看清你所指的词语的上方和下方多少个字。
- 你是否能看到该页的数字。如果能看到，说出数字是多少。
- 你是否能够数出对页有几帧图像。
- 你是否能够数出对页有几个段落。
- 你是否能够清晰或粗略地确定对页图像所表达的内容。

大多数人对以上大部分问题的回答是"是"。这表明大多数人天生就有能力运用他们的外围视觉和中心视觉阅读。通过这种方式，你就可以使用眼睛的 2.6 亿个光接收器与大脑交流，并且开启大脑。

这一革命性的新方法意味着，从今往后，你将用你的大脑，而不是仅仅用你的眼睛去阅读。上一页的图形清楚地说明了视觉可以利用的两个层面。视觉的内圈是我们大家都熟悉的；外环所显示的是我们可以利用的外围视觉区域。

4.8 阅读加油站

- 如果你能够把外围视觉与中心焦点结合起来，你就能够同时从整个段落和整个页面吸收信息。

- 你可以把材料放在距离眼睛较远的位置来扩展你的外围视觉。这样可以使你的外围视觉发挥更好的作用。
- 在你利用中心焦点一行一行吸收细节的同时,你的外围视觉能够复习已经阅读过的内容,并评价将要阅读的内容。
- 这种练习也能使眼睛更轻松,因为它们不必再紧绷着肌肉工作。

> 记住:是你的大脑在阅读——你的眼睛只是阅读时所使用的高级透镜。

4.9　三种关键的阅读导引技巧

翻开这本书(或任何一本书)的任何一页,看上一秒钟。你认为你会再次识别这一页吗?答案是肯定的。如果你怀疑这一点的真实性,请想象一下:当你在公路上、在火车站或任何你可以同时看到许多不同景象的地方,你的眼睛可以在瞬间摄入多少信息,你的大脑可以在瞬间记住多少信息。相比之下,你可以想见一页纸上的图像是多么少。

接下来要讲的三种关键的阅读技巧将极大地拓展你的视觉能力。

首先,以非常快的速度练习每种技巧,不要停顿,也不要担心你是否理解正在阅读的内容。之后以正常的速度练习每种技巧。

以这种方式,大脑将会逐渐习惯较快的阅读速度(开始时重读一些熟悉的材料,从而复习你所了解的东西,同时也使你的大脑为下面的阅读任务"预热")。

1. 双行扫描

双行扫描需要你的眼睛每次看时摄入两行内容。这一技巧结合了垂直视觉技能和水平视觉（学习音乐的人所应用的）技能。

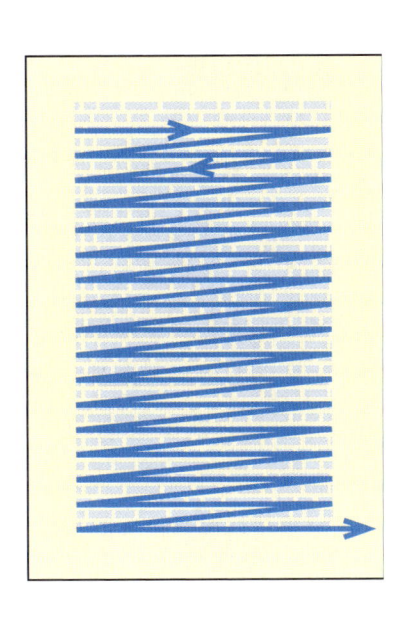

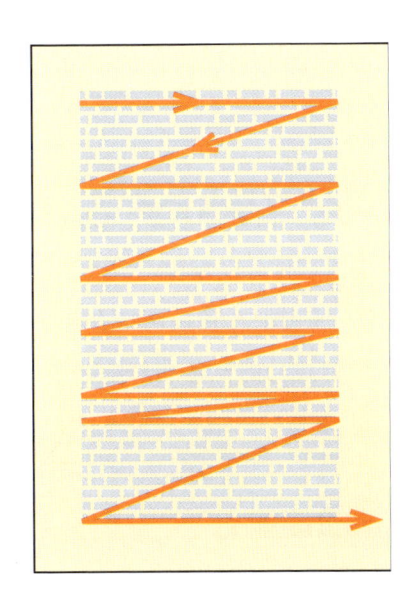

2. 可变扫描

可变扫描与双行扫描的方法相同，只是它允许你每次摄入你所能够处理的行数。

3. 反向扫描

反向扫描与前面的两种技巧相似，但有一个重大的不同：你改变了扫描的程序，反向复习文章的每个部分。这听上去很荒谬，但如果你回想一下，眼睛只有通过凝视才能够摄入信息，而且每次所看到的单词是以5~6个为一组的，那么你就会体会到这种扫描技巧也是很有道理的。

倒着阅读只是"抓住"你大脑中已经有的信息，直到你在每行的开头接收到拼图游戏中的最后一个图块。这个技巧可以使你在阅读的同时复习文章，将大大加快你的阅读速度，提高你的注意力和理解水平。

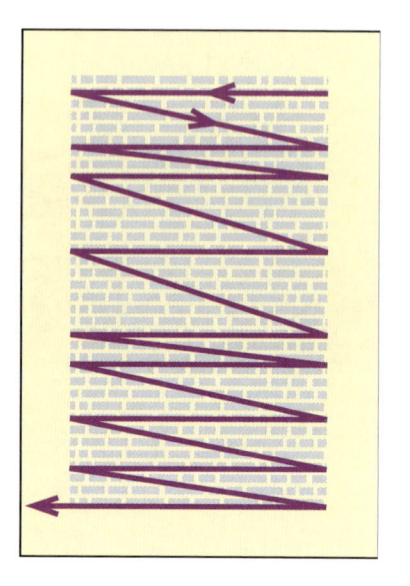

以上每一种"扫描"技巧都可以用于预习、跳读和略读，以获取信息，而且你愿意摄入多少行，就摄入多少行。你可以缩短（摄入较少的行）或延长（摄入较多的行）你的扫描，或者把几种技巧结合起来使用。这种阅读技巧尤其适用于博赞有机学习技巧的准备和总览部分。

4.10　提高你的快速阅读能力

现在是探究和提高你的阅读能力的时候了：
1. 注意力。

2. 略读和跳读的能力。

3. 影响学习的环境因素。

4.10.1　提高注意力

根据我在全世界教学和演讲的经验,发现很多人都认为,他们常常无法集中注意力。许多人说,他们常常做白日梦,很难集中注意力于手头的工作。实际上,这是好事,而且非常自然。白日梦每隔几分钟就会自然发生,这是大脑休息的一种方式,目的是吸收所学习的信息。

如果你仔细考虑一下,你实际上没有丧失注意力,而是把注意力用于你所感兴趣的其他事物上:椅子上的猫、手机铃声、广播中的音乐,或某个人沿街走过等这些分散注意力的事物。

> 问题不在于人的注意力,而在于你注意的方向和焦点。

你一旦掌握了集中注意力的技巧,你的眼睛—大脑系统就会像激光一样,以非凡的能力去聚焦和吸收信息。

4.10.2　注意力差的原因

1. 词汇困难

高效专注的阅读需要信息的顺利输入,而不应有理解方面的干扰。停顿下来去查单词或思考将打断你的注意力,放缓你对整体的理解。如果你在阅读的时候碰到一个不理解的单词,最好在其下画线,之后再查看,而不要立即查阅字典。

2. 概念困难

如果你不理解阅读材料中的某些概念，那么你就不容易集中注意力。要克服这个困难，你可以运用前面讲的任意一种阅读导引技巧，并且使用跳读和略读技巧"多次阅读"材料，直到你熟悉为止。

3. 不合适的阅读速度

许多人认为（这是学校教育的结果）：慢慢地、仔细地阅读有助于理解。这种阅读方法实际上适得其反，它不仅不能够促进大脑对材料的理解，而且缓慢地阅读还会使理解水平下降。要验证这一点，不妨按照下面一句话的排版格式"慢慢地、仔细地"阅读它：

> 对 于 理 解而 言，快 速 阅 读 被认 为
> 比 慢 速 阅 读 好。

你也许会发现这样阅读很困难，因为你的大脑不是以这样慢的速度吸收信息的。如果你快速地跳读，就可以立即理解这些词语。现在阅读下面的句子，这次按照分好的词组阅读这些词语：

> 经研究发现，如果信息 以一群的形式 组织在一起，
> 在眼睛的 帮助下，人类大脑 可以更轻松地 吸收信息。

阅读速度的提高将自动提升你的理解水平。如果你应用本书所概述的快速阅读技巧，你的大脑将能够逐渐以意群的形式组织词语。

> 缓慢、仔细地阅读只能鼓励你的大脑读得越来越慢,理解得越来越少。

4. 分心的事物

注意力不能集中的另一个大敌就是让你的大脑关注其他事物,而不是聚焦于手头的工作。例如,你需要读完明天早上讲座用的一本主要的参考书,但你不时地想起你的好朋友,想起你与伴侣的争吵,为金钱而担忧,想起明天大家都要去参加的赛艇比赛等。

如果你感觉自己非常容易分心,你需要做的就是"甩掉"让你分心的思想线索,重新聚焦于你正在做的事情上。你甚至可以停一会儿,用"思维导图"画出你现在的目标,以帮助你整理思绪。

5. 缺乏组织

坐下来读点儿什么东西有时候就像是一场战斗。从一开始阅读起,分散注意力的事物就来了:你没有铅笔、咖啡杯、信笺、眼镜……接踵而至的分心使你越来越难树立起重新开始的信心。其解决办法很简单:事先准备好所需要的一切东西,把它们放在触手可及的地方;设定目标;根据任务计划休息时间。

6. 缺乏兴趣

缺乏兴趣常常与其他困难有关。例如:材料难于理解,专业词汇缺乏,各种事物堆积在一起分不清主次,消极的心态,以及上面列举的影响注意力集中的事物。要解决这一问题,首先要解决与此相关的问题;其次,如果有必要的话,应采用"苛刻的批评家"式的方法。

你要对想要阅读的问题不以为然。这样的话,你就会发现你对材料感兴趣了,从而也会与那些意见相左的人辩论了。

7. 缺乏动力

缺乏动力与缺乏目标有关。如果你不明白自己为什么要阅读一本书，那么你就很难提高兴趣去阅读它。

重新审视你的目标。这是很显然的一件事情，但是一旦你清楚自己为什么要吸收信息，那么你就会更好地完成任务。通过整理自己的思想和激发个人的兴趣，用目标使自己振作起来；使用你喜欢的阅读技巧，确保你能够尽快完成任务，并且获得最佳的回报。

4.10.3 应用跳读和略读

跳读和略读可用于配合你刚刚学习的阅读导引技巧，主要强调大脑自动预选信息的方式（你的大脑状态）。

跳读是一种天生的技能。当你扫视一群人寻找你所认识的一张面孔时，你会用到它；当你扫视路标确定方向时，你会用到它；当你的眼睛扫视一些资料，寻找某一特定的信息，通常情况下是在一本书或讲义中查找某条信息，或在网站上查找一个相关的链接时，你会用到它。

只要你事先知道你要寻找什么，并且了解了信息的组织方式（例如，按照字母顺序或主题），那么这个技巧就变得非常简单。如果你想寻找某一特定的信息，那么就使用跳读的技巧。

略读较跳读复杂一些，它类似于前面讲过的阅读导引技巧。略读的目的是对信息有一个总体的认识，以便理解内容的基本框架，使"砖和泥浆"可在其上搭建，而不需要了解房间和家具的情况。

高效的略读可以达到每分钟 1000 字或更多，同时还能够大概理解所阅读的内容。如果你想获得对所读材料的整体性理解，那么就使用略读技巧吧。

4.10.4 环境因素

毫无疑问：

- 你的环境，你的姿势和学习的位置，会影响到你的成就水平。
- 你对物理环境的内心感受会影响到你吸收信息的能力。

如果你感觉很糟糕或不舒服，或者你的学习环境很拥挤、很混乱，那么你的精神状态会对你的效率有负面的影响。然而，如果你感到周围的环境很舒服，内心也很满足，那么你会对阅读做出积极的反应，也会对新信息有更好的理解。因此，请尽可能地保证你的环境是积极的，这有利于学习。

1. 位置和光的强度

只要有可能，最好在自然光下学习。最近的一项研究发现，在日光之下可以让你的大脑释放更多的"好心情"荷尔蒙，因此，你的书桌或桌面最好靠近窗户。在其他时候，照明光线应该从肩部上方、对着你写字的手的方向射入。台灯的亮度应该足以照亮正在阅读的材料，但不要太亮，不要与房间的其他地方形成巨大的反差。如果你使用台式电脑或笔记本电脑，那么荧光屏应该面向灯光，而不是背着灯光。

2. 学习资料的便利性

为了能让大脑舒适、专注地工作，最好把各种需要的材料和参考资料放在触手可及的地方。这会让你心情放松，而且能够更好地集中注意力于手头的工作。

3. 桌子和椅子的高度

让自己感到太舒服反而不好，因为太舒服会使你犯困，而不会使你集中注意力！椅子最好是竖直的，有竖直的靠背，不要太硬，也不要太软。旋转椅和办公椅应该可以让你感到舒服，但要保证良好的坐姿。椅子的高度应该能够调节，其高度应足以使你的大腿与地面平行，因为这样你的坐骨才能承受压力。书桌的高度应该比椅面高出大约 20 厘米。

4. 眼睛与阅读材料之间的距离

眼睛与阅读材料之间的自然距离大约是 50 厘米。这个距离不仅可以使你的眼睛轻松地聚焦于一组组的字词，而且还可以减少眼睛疲劳或头痛发生的次数。

5. 坐姿

理想的坐姿应该是双脚平放在地板上，背部直立，稍微有所弯曲，从而给你提供支撑。如果你坐得太"直"或弓着腰，那么你会非常疲劳，而且会损伤背部肌肉。试着拿起书，或把它放在什么东西上，以便使书稍稍直立，而不是平放。

良好的坐姿对于学习有以下好处：

- 大脑接收最大的空气流和血流，因为你的气管、动脉和静脉血管都没有什么限制，所以能够高效率地工作。
- 它可以使沿脊柱向上的能量流最优化，从而使大脑发挥最大的功能。
- 如果你身体是警觉的，那么你的大脑就知道有重要的事情发生（相反，如果你弓着背坐着，那么你是在告诉大脑该睡觉了）。
- 你的眼睛可以充分利用你的中心及外围视觉。

6. 找到你的最佳学习时间

我们的注意力都有高峰期和低迷期，我们每个人也都会出现一天中某个时间段最能够集中注意力学习的情况。有些人的最佳学习时间是在早上5点到9点；有些人在晚上学习效率最高；而另外一些人则最适合上午晚些时候或下午早些时候，虽然吃饭前后的饥饿和睡意会干扰注意力。你可能不知道自己的最佳学习时间，那么就尝试着在一天的不同时间学习——看看哪一个时间段最适合你，它有可能会显著地改善你集中精力学习的倾向。

7. 减少干扰

就像阅读时要减少停顿一样，阅读时也应该减少来自外部的干扰。这一点非常重要。外部干扰有很多，如电话或分散注意力的东西（都是一些不必要的中断），它们是集中注意力的大敌。同样，如果你为自己的私事担心，或身体不舒服，那么在你忙着照顾其他事情的同时，你的注意力和理解力将明显下降。

因此，当你阅读时，应把电话设定为语音留言状态，播放有助于集中注意力的音乐，清除一切干扰和诱惑（如果不用的话，就关掉电脑，摆脱上网的诱惑）。

4.11　挑战大师级词汇量

词汇之所以重要有多方面的原因。就学习而言，拥有大量词汇是一个很大的优势。

我们大多数人都使用一种以上的词汇，通常至少有三种：

- 用于谈话的词汇。
- 用于书写的词汇。
- 认知词汇。

> 你知道吗？
> - 一个人的口语词汇平均是1000个单词。
> - 可用的词汇超过300万。
> - 扩大你的词汇量可以提高你的智力水平。

我们用于谈话的单词不超过 1000 个；我们用于书写的词汇量较大，因为写文章的时候我们更加在意词汇的选择和句子的结构，但在这三种词汇中，数量最大的一种是认知词汇。我们理解的单词要比我们使用的单词多得多。

从理论上讲，我们的口语词汇应该和我们的认知词汇一样多，但实际上这是一种很少见的情况。然而，使这三种词汇的掌握量快速地增加是有可能的，从而也有可能提升你的快速阅读能力。

以下三部分将探究前缀、后缀和词根的作用。它们是增进你的语言能力和扩大你的词汇量的有力工具。

4.11.1 前缀的作用

前缀就是放在单词前的字母、音节或单词，它可以改变单词的意义。学习少量的前缀就可以极大地扩展你的词汇量。许多前缀都与位置、反义及运动有关，它们是微型功能单词。

表 4-1 所示的前缀是从最常见的前缀中挑选出来的，可在一本标准的案头词典中的 14 000 多个单词中找到。

如果你能够记住和使用这些前缀，把它们添加到单词的开头，你就有可能将自己的词汇量至少增加 10 000 个。从现在起，在阅读本书的时候，随时注意这些前缀。[①]

表4-1 含有关键前缀的单词

单 词	前 缀	前缀含义	词 根	词根含义
precept	pre-	在……前面，先于	capere	采取，抓住
detain	de-	离开，向下	tenere	握住，拥有
intermittent	inter-	在……之间，之中	mittere	发送
offer	of-	反对	ferre	负担，携带
insist	in-	在……之内	stare	站立
monograph	mono-	单独，一个	graphein	书写
epilogue	epi-	在……之后	logos	演讲，研究

[①] "了解前缀、后缀和词根，可增加词汇量"系对英语而言。"阅读时注意前缀"也系对英语原书而言。下同。

续表

单　词	前　缀	前缀含义	词　根	词根含义
advance	ad-	朝向	specere	看见
uncomplicated	un-	表否定，不	plicare	折叠
	com-	共同，与		
non-extended	non-	不	tender	伸展
	ex-	向外，超过		
reproduction	re-	向后，再	ducere	领导
	pro-	向前，对于		
indisposed	in-	表否定，不	ponere	放置
	dis-	分开，不		
over-sufficient	over-	在……之上	facere	制作，做
	sub-	在……之下		
mistranscribe	mis-	错误	scribere	书写
	trans-	跨越，超过		

高智商词汇练习——前缀

从下面的6个单词中，选择5个单词，完成下列5个句子。

examinations　reviewing　comprehension　prepare　depress　progress

1. In order to be ready for a meeting or other event it is always best to＿＿＿＿in advance.

2. ＿＿＿＿what you have learned will help to consolidate the associations in your memory.

3. Negative thoughts＿＿＿＿the brain and inhibit your ability to remember effectively.

4. Speed reading improves reading efficiency as well as_____.
5. Preparing for_____needn't be daunting if you use speed reading and Mind Maps as your memory tools.

现在请参照书后的"词汇练习参考答案"。

14个后缀

常见后缀如表4-2所示（G=希腊语，L=拉丁语，F=法语，E=英语）。

表4-2 常见后缀

后缀	含义	例词
-able, -ible（L）	能够，适合于	durable, comprehensible
-al, -ail（L）	与……有关	abdominal
-ance, -ence, -ant（L）	构成表示某种特性的形容词，表示私人机构或产生某种影响的名词	insurance, corpulence, defiant, servant
-ation, -ition（L）	行为或状态	condition, dilapidation
-er（E）	属于……的	farmer, New Yorker
-ism（E）	某种特性或主义	realism, socialism
-ive（L）	性质	creative, receptive
-ize, -ise（G）	做，实践，照……的样子做	modernize, advertise
-logy（G）	表示知识的分支	biology, psychology
-ly（E）	具有某种特征	softly, quickly
-or（L）	表示处于某种状态的人或物	victor, generator
-ous, -ose（L）	充满	murderous, anxious, officious, morose
-some	像	gladsome
-y（E）	条件	difficulty

4.11.2 后缀的作用

后缀就是放在单词结尾的字母、音节或单词，它可以改变单词的意义。它们常常与特征或性质有关，或者改变单词的词性（如形容词变成副词）。

高智商词汇练习——后缀

从下面的 6 个单词中，选择 5 个单词，完成下列 5 个句子。

minimal   winsome   psychology   vociferous   hedonism   practitioner

1. A _____ is one who works in a certain field, such as medicine.
2. The doctrine of pursuing pleasure as the highest good is known as _____ .
3. A charge for something which relates to the lowest or smallest price is _____ .
4. People who speak loudly and often are _____ .
5. The branch of knowledge that deals with the human mind and its functioning is known as _____ .

现在请参照书后的"词汇练习参考答案"。

4.11.3 词根

这是拓展词汇量的最后一节，表 4-3 所示为 14 个现代英语中普遍使用的拉丁语和希腊语的词根。

14个词根

表4-3 常用词根

词根	含义	例词
aer	空气	aerate, aeroplane
am（来自amare）	爱	amorous, amateur, amiable
chron	时间	chronology, chronic
dic, dict	说，讲	dictate
equi	平等	equidistant
graph	写	calligraphy, graphology, telegraph
luc（来自lux）	光线	elucidate
pot, poss, poten（来自ponerte）	能……	potential, possible
quaerere	要求，问，寻求	question, inquiry, query
sent, sens（来自sentire）	感觉	sensitive, sentient
soph	聪明	philosopher
spect（来自spicere）	看	introspective, inspect
spir（来自spirare）	呼吸	inspiration
vid, vis（来自videre）	看见	supervisor, vision, provident

高智商词汇练习——词根

从下面的6个单词中，选择5个单词，完成下列5个句子。

aerodynamics equinox egocentric querulous chronometer amiable

1. A person who is quarrelsome and discontented, and who complains in a questioning manner is _____.

2. A person who is friendly and lovable is often described as _____ .
3. The _____ is that time of year when both day and night are of equal length.
4. An instrument that finely measures thine is a _____ .
5. The science which deals with the forces exerted by air and by gaseous fluids is _____ .

现在请参照书后的"词汇练习参考答案"。

4.12　前缀、后缀和词根的应用

当你看到这些列表的时候，其中有些单词看上去可能不太熟悉，学习它们可能会让你畏缩。为了让你熟悉这些单词，也为了使它们成为你日常词汇的一部分，我向大家提出以下建议：

- 浏览一本好的字典，熟悉前缀、后缀和词根的各种用法。
- 记录让你印象深刻而且有某种用途的单词和短语。
- 坚持每天学习一个新单词。像任何新信息一样，在一段时间之内你至少需要重复5次才能够永远地记住这个新词。
- 在对话中留心令你激动的新词，从而把它变成自我词汇的一部分，而且要把你听到的单词记录下来。
- 当你阅读文章的时候，要在头脑中记录下那些你不理解的单词，然后等到你读完一个章节的时候再查字典。不要打断你正在做的事情。

如果你每天都有意识地学习一些新单词和短语，那么同时也将提高你的整体智力水平和理解力。

同时你的快速阅读能力也会加快提高，因为你能够发现关键的单词和概念，而且碰到的问题也会减少。

另外，你在阅读时将不再回读，因为你相信自己有足够的词汇量来支持你的总体理解力。

| 下章提示 |

现在，你已经有了超快的阅读速度。在下一章里，你将学习如何记住你所快速阅读的东西。

第 5 章
超级记忆

你擅长记忆事实和数字吗？你担心在考试的压力下忘记信息吗？本章将向你讲解一些简便易用的记忆技巧，而且还提供练习，从而使你具备超级记忆力。另外，本章还将利用思维导图这个促进记忆的方法帮助你解决难以记住信息的问题。

在第 1 章中，我们已经讲过大脑接收信息和储存信息的方式：

- 右脑处理节奏、想象、梦幻、色彩、维度、空间感、整体观念。
- 左脑处理逻辑、语言、列表、数字、序列、线性感、分析。

我们还知道，大脑的两个半球不是独立工作的，它们只有协同工作才能发挥出最佳的效能。你同时给予大脑两个半球的刺激越多，它们就越能够高效地协同工作，使你思考得更好，记忆得更多，回忆得更快。

5.1　帮助你的大脑学习

记忆系统就像是一个超大的档案柜，其中存放着你一生方方面面的档案。快速轻松地从中找到信息的唯一办法是要确保它：

- 组织有序。
- 随时可以利用。

这就意味着，无论你想搜寻的记忆有多模糊，你都知道它属于哪个类别，而且都能够轻松地找到。

为了能够在你的记忆档案柜中储存信息并且将其分类，你需要首先理解，大脑和记忆在你学习的时候是如何发挥作用的。

研究表明，大脑对最初学习的东西和最后学习的东西印象最深刻。在任何情形下，我们都有可能记住：

- 最先发生的事情或最先了解到的事物——首因效应（primacy effect）。
- 最后发生的事情或最后了解到的事物——近因效应（recency effect）。

我们比较容易记住的事情还有：

- 与已经在记忆中储存的东西或想法相关的事物。
- 突出的或独特的事物，因为这些事物能够激发你的想象力。

你的大脑还更有可能记住或想起：

- 吸引你感觉（视觉、听觉、味觉、嗅觉、触觉）的东西。
- 你特别感兴趣的东西。

你的大脑适合创建模式和图式，也倾向于完成序列。这就是为什么你在收音机上只听到熟悉歌曲的一半，就有可能将其完整地哼唱下来；这也是为什么标号从1到6的几个段落缺少标号3时，你会去寻找第3点。

你的大脑还需要帮助才能记住一些事实、数字和其他需要迅速回想起来的重要参考信息。帮助记忆的方法叫记忆术。

5.2　记忆术

记忆术可以是一个单词、一张图片、一个系统或其他任何有助于回忆一个短语、姓名或一系列事实的方法。记忆术的英语是 mnemonic，第一个 m 不发音（它的发音是 [nɪˈmɔnɪk]）。这个单词来自希腊文 mnemon，意思是"不忘的"。

我们在上学时大部分人都使用过记忆技巧，只是我们在那时没有意识到而已。学习音乐的学生常常被告知"Every Good Boy Deserves Favour"（每个好孩子都值得喜爱），用这样一个短语来帮助他们记住音符 EGBDF。

许多人都在小时候学过用"拳头记忆法"来记忆大小月份（二月特殊）。这就是记忆术——帮助你记忆的方法。

记忆术主要是通过刺激你的想象力来起作用的，也可以通过词语或其他工具促使你的大脑进行联想。

5.3　对记忆的误解

- 随着年龄的增长，许多人常常认为他们的记忆力在衰退。这是一种错误的观念。
- 在有压力的情况下学习，许多人发现回忆信息很困难，因此，感觉自己再也不能够长久地记住任何事情了。然而，这其中的很大一部分原因是你没有给自己时间停顿下来去思考，另外就是回忆的方法不当。

尽管你回忆信息的过程可能不像你所喜欢的那样有效，但是你的记忆力是非常有效的。你需要做的就是完善从大脑中提取信息的方法。首先，请完成下面一个简单练习。

单词回忆练习

下面是一组单词。按照顺序快速地将表中所列的每个单词阅读一遍，然后在下一页的空线上尽可能多地写出你所记住的单词。除非你拥有大师级的记忆力，否则你是不可能将这些单词全部记住的，所以，你只要尽可能多地去记就行。

然后再次阅读这张完整的单词表，一个单词接一个单词地阅读。为了保证客观，请用一张小卡片遮盖住读过的单词。

阅读完之后，翻到 76 页回答几个问题，从中你可以了解自己的记忆是如何发挥作用的。

house	rope
floor	watch
wall	Shakespeare
glass	ring
roof	and
tree	of
sky	the
road	table
the	pen
of	flower
and	pain
of	dog
and	

现在按顺序尽可能多地写出你能记住的单词，不要去看上面的单词表。

5.4　学习期间的回忆

- 你记住了单词表中开始部分的多少个单词?
- 你记住了单词表中结尾部分的多少个单词?
- 你能回忆出表中哪些单词出现了不止一次吗?
- 你记住了表中明显不同于其他的单词吗?
- 你记住了单词表上中间部分的多少个单词?

在这个测试中,几乎每个人都回忆了相同的信息:

- 单词表开始部分的1~7个单词。
- 单词表结尾部分的1~2个单词。
- 大部分多次出现的单词(the、and、of)。
- 突出的单词(Shakespeare)。
- 表中间的单词回忆起来的相对较少。

为什么会发生这种情况呢？这一结果表明，记忆与理解的工作方式不同：虽然你理解所有的单词，但是并没有全部记住它们。我们回忆信息的能力与以下几个因素有关：

- 排在前面和后面的事物比排在中间的事物更容易被记住。因此，我们能够更多地回忆起来的信息是来自学习时间段的开始和结束部分。（参见图5-1中的曲线，它开始时很高，在3个高峰出现之前趋于下降，在结束之前再次提升。）

就"单词回忆练习"而言，单词 house 和 dog 分别出现在开始和结束部分。

- 对于存在某种联系或关联的事物，运用韵律、重复或其他与我们的感觉相关的东西，我们学习得更多（见图5-1中的A、B、C点）。

就"单词回忆练习"而言，重复的单词有 the、of、and；有关联的单词有 Shakespeare 和 pen，或者 house、wall 和 roof。

- 当事物很突出或独特时，我们也会学习得更多（见图5-1中的O点）。

回忆和理解的最佳时间段是学习开始后的 20~60 分钟。时间太短，大脑没有足够的时间去领会所学习的内容。

这下我们就可以理解以下现象了：在课堂学习中，如果时间不在 20~60 分钟的范围，我们就很难保持足够的注意力和兴趣。

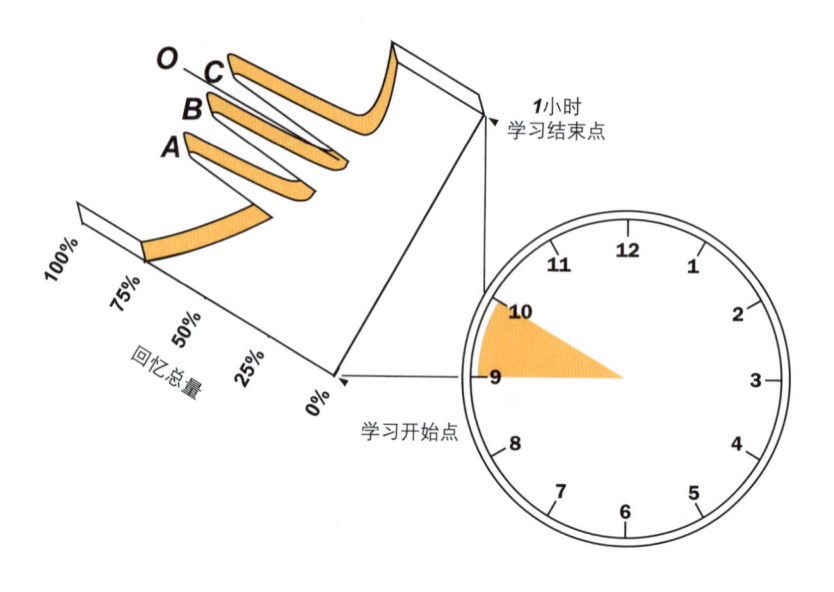

图 5-1 学习期间的回忆图解

注：这个示意图表明，我们回忆得较多的信息位于学习的开始部分和结束部分。对于存在某种联系或关联的事物（A、B、C），以及突出的或独特的事物（O），我们回忆得也较多。

5.5 学习后的回忆

关于记忆和学习最让人困惑的方面就是，我们在学习结束之后所能够立即回忆起来的东西较少（见图 5-2）。

如果你让一些人猜测听完讲座后的记忆情况会是怎样，他们大都认为，回忆会在 5 天之内陡然下降。然而，他们忽略了一个事实：回忆曲线在学习之后其实是上升的，同时信息正在"沉淀下来"。你的大脑需要时间整合、制作思维导图。你的大脑需要整合和连接那个学习阶段中最后学习的东西和最先学习的东西，这就是这一曲线图中的实际情形。如果你不复习，一天之后，你的回忆会骤然下降 80%，而且会忘记学习过的细节信息。你的记忆能力不仅会下降，而且还会跌至谷底，由于你记错了你所学习的东西，你把事实的顺序弄错了，化学方程式/词汇/数学公式不正确，历史日期错误，此后，你记住了一些错误的事情，这样你就生气，因为你承受着压力，你讨厌考试，于是你陷入了一个恐怖的旋涡……

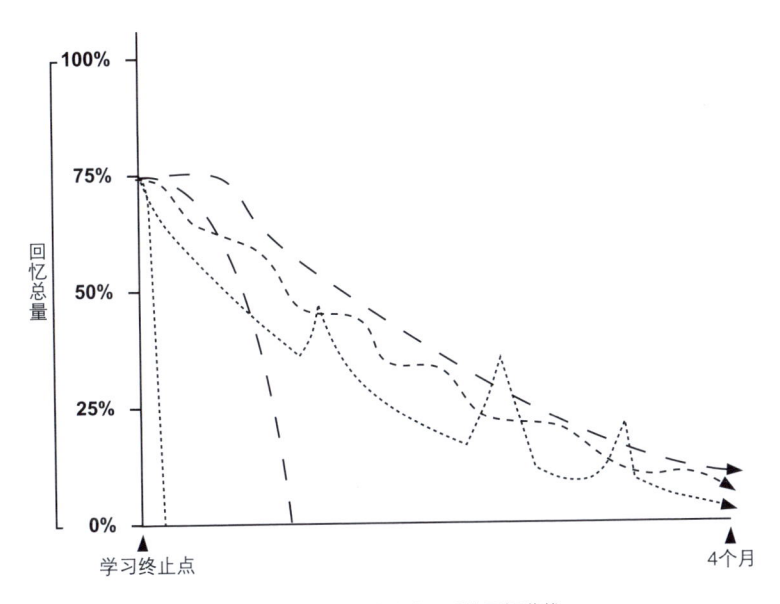

图5-2　人们估计的学习后的回忆曲线

注：此图是人们在学习一段时间之后，对自己回忆情况的不同回答。

但是，如果你在那一点复习了，而且仅仅只需要5分钟的复习，那么你的短期记忆将会被唤起，一切将会被联系起来和回忆起来。这听上去好像不可能，但这的确是事实（见图5-3）。

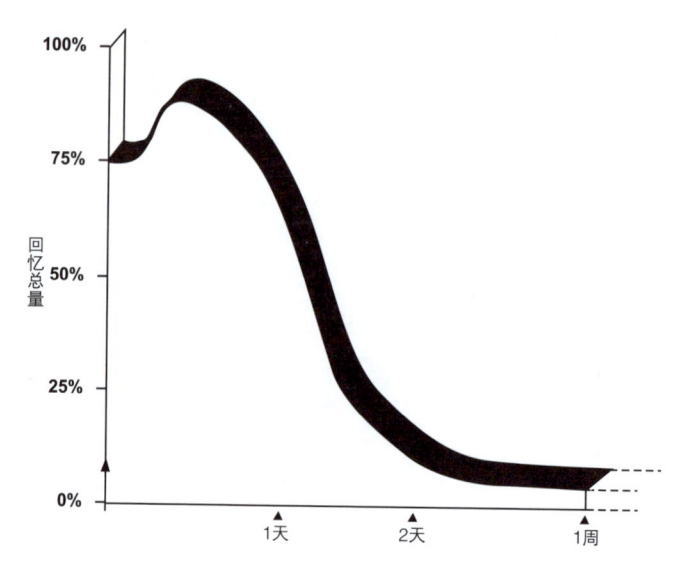

图 5-3　在学习后回忆量短暂上升，然后迅速下降

5.6　重复的价值

新信息首先被储存在短期记忆中。要把信息转变为长期记忆，你需要不断演练。一般来说，信息至少需要重复五次才能被转化为长期记忆。因此，你需要运用一种或多种记忆技巧定期复习你所学过的东西。关于复习和重复你所学习过的内容，我的建议是：

- 学习结束之后立即复习一次。
- 一天之后再复习一次。
- 一周之后再复习一次。
- 一个月之后再复习一次。
- 三个月或六个月之后再复习一次。

在每次回忆期间，你不仅是在复习学过的信息，而且也是在增加你的知识。在长期记忆中，你的创造性想象起着重要的作用。你对学过的知识复习得越多，你就会越多地把它与你已经记住的其他知识联系起来。你可以参照图3-9来理解这一点。

> 我们学得越多，我们记得就越多。
> 我们记得越多，我们学得就越多。

5.7 休息一下，还是继续进行呢

假如你决定学习两个小时，而前半个小时学起来非常困难，但是，你已经取得了一定的进步。从这一刻起，你发现自己的理解力开始改善了，而且好像进步越来越快了。你是打算拍拍自己的背休息一下，还是打算保持这一良好的节奏继续学习，直到你丧失这新鲜的冲劲？

被问及这个问题时，90%的人会回答"继续学习"。打算休息的人当中，只有少数会建议他人也这样做！然而，最好的做法是休息（见图5-4）。其理由是，理解力虽然有可能继续保持较高的水平，但是如果大脑不做短暂的休息，你对信息的回忆能力将会变得越来越糟糕。每学习20~60分钟，进行短暂的休息是很有必要的。

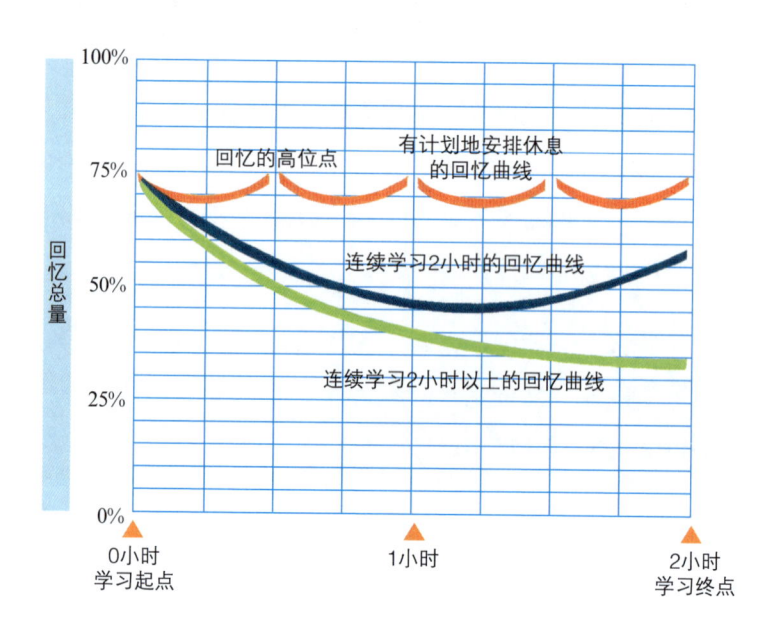

图 5-4 三种不同的回忆模式

图 5-4 显示了两个小时的学习时间内三种不同的回忆模式：

- 顶端的曲线有 4 个短暂的间歇。升起的顶峰表示回忆水平最高的时刻。在这条曲线上，回忆的高点比其他任何一条曲线上的高点都多，因为它有 4 个"开始部分和结束部分"。回忆一直保持较高的水平。
- 中间的一条线显示了没有休息的情况下的回忆曲线。起点与终点是回忆的最高水平，但整体的记忆保持在 75% 以下。
- 底端的一条线显示的是超过 2 小时没有休息的情况下的回忆曲线。很明显，这种方法效率很低，因为回忆曲线是一直下降的，大约在 50% 之下。
- 因此，在合理的时间间隔内休息得越多，开始部分和结束部分就越多，我们的大脑能够记忆得就越多。
- 短暂的休息对于放松也是非常必要的：它可以使集中注意力学习时紧张的肌肉和神经得以放松。

考试前一连苦学 5 小时的做法应该成为历史了，因为理解与记忆不同，而且太多因此而考试失败的例子就足以说明这一点。

休息本身之所以重要，有如下几个原因：

1. 它们可以使身体得以休息，有机会放松。这对于学习是非常有益的，可以释放不断聚集的压力。

2. 它们可以使回忆与理解"协同工作"，以发挥最大的优势。

3. 它们使你有一个短暂的时间把刚刚学过的信息的每个部分联系起来——内部整合。

在每次休息期间，刚刚学过的那一部分知识可以被迅速回忆起来，而且回忆的总量是在上升的，并且可以成为下一阶段开始的顶峰。因此，不仅是因为这一时间段本身最佳，有更多的信息被回忆起来，而且还因为剩余的时间段能引起越来越多的信息被回忆起来。

为了进一步说明这一点，请在每个学习时间段的起点和终点快速复习你刚刚阅读过的内容，并且预习你即将阅读的内容。

要解释决定学习的最佳时间段的必要性，以及每个时间段的学习总量，需要花费大量的篇幅，但是要记住，决定本身是非常短暂的，通常会在你结束浏览之时自动做出。一旦做出了这些决定，就可以进行下一步了。

5.8 核心记忆原则

想象和联想是本章所有记忆技巧的核心，也是博赞有机学习技巧和思维导图的基石。通过关键的记忆工具，如语言、数字和图像等，你将它们运用得越成功，你的思维能力和记忆能力就会变得越强。

5.8.1 想象

刺激和使用你的想象越多，你就越能提高你的学习能力。这是因为你的想象是没有尽头的，它是没有界限的，而且它可以刺激你的感觉，从而刺激你的大脑。拥有无限的想象力可以使你更容易接受新的体验，更愿意学习新的东西。

5.8.2 联想

记住某事最有效的方法就是把它看作一幅图像，使其与你已知的事物联系起来。如果你是基于现实把这些图像与你熟悉的事物联系起来，那么它们就会被存放在一个地方，你也就能够更轻松地记住那些信息。联想发挥作用的方式是把某一信息与其他信息连接起来，例如，通过使用数字、符号、顺序和图案等。

前文我们已经讲过，要想充分发挥大脑的功能，你需要使用大脑的两个半球。很巧，记忆的两个基石同时也是大脑的两项主要的活动：

$$\left.\begin{array}{c}\text{Imagination}\\(\text{想象})\\\text{Association}\\(\text{联想})\end{array}\right\} 两者联合 = \text{Memory}\ (\text{记忆})$$

你的记忆能让你认识到自己是谁，记住这一点的正确记忆法可以是：

I AM

想象和联想由 10 项核心记忆法则支撑。这些法则可以使你牢牢地记住一些事件，而且还可以轻松地将它们回忆起来。

5.9　十项核心记忆法则

为了增强你的记忆力，为了帮助你高效地回忆信息，你需要充分利用思维的各个方面。以下十项核心记忆法则用于强化想象和联想对记忆的影响，同时也用于充分激发你非凡的脑力。这十项法则是：

1．感觉
2．夸张
3．韵律和运动
4．色彩
5．数字
6．符号
7．顺序和模式
8．吸引力
9．欢笑
10．积极思维

其效果的差异就像 1500 万烛光（Candlepower，发光强度单位）聚光灯的照度与标准的 4.5 伏手电筒的照度之间的差异。你将体验到一个更加明亮、更加耀眼的世界。

1. 感觉

你运用视觉、听觉、味觉、嗅觉、触觉对试图回忆的事物感知得越多,就越能够强化你的记忆能力,而且能够在你需要的时候迅速从大脑中调取信息。

你所体验、学习和享受的一切都是通过感觉传递给大脑的。这些感觉包括:

视觉　　　　听觉　　　　嗅觉
味觉　　　　触觉
空间感——对身体及其运动的感觉

你对各种感官所接收到的信息越敏感,你就能够记得越清楚。

2. 夸张

在你所想象的情景中,尽量将想象放大,使其更加荒谬。所想象事物的大小、形状和声音越夸大,你就越能够记住它们。想象孩子们所喜欢的人物:卡通怪物史莱克以及《哈利·波特》中的巨人海格,他们都比生活中的人物大得多,它们在人们的心目中要比电影中的其他人物的形象更加鲜明。

3. 韵律和运动

运动可以增加大脑记住事物的可能性。

- 使图像运动起来。
- 使它们有立体感。
- 为它们赋予韵律。

运动有助于大脑"联入"故事,并且使数据的顺序变得更加特殊,从而容易被记住。

4. 色彩

色彩可以使记忆变得生动,使事件更加容易被记住。在你的想象、绘图和笔记中尽可能多地使用色彩,从而强化视觉,刺激大脑感受视觉体验(见图5-5)。

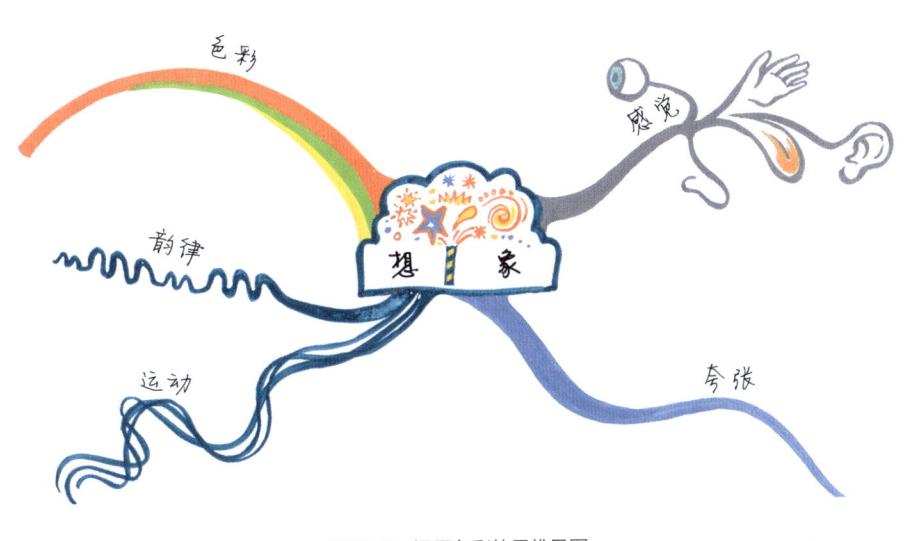

图5-5 运用色彩的思维导图

5. 数字

数字对于记忆有很大的影响力,因为数字可以使思想有序化,使记忆变得更加具体。

6. 符号

符号是一种以浓缩的、编码的，利用想象和夸张来固定记忆的方式。创造一种符号促进记忆，就像创造一种标示。符号可以讲述一个故事，代表比图像本身更大的事物，建立彼此之间的联系。

7. 顺序和模式

如果与其他记忆法则联合起来，给自己的想法排序是非常有效的一种记忆方法。你可以根据颜色、重量或大小给想法分组，也可以根据高度、年龄或地点给事物排序（见图 5-6）。

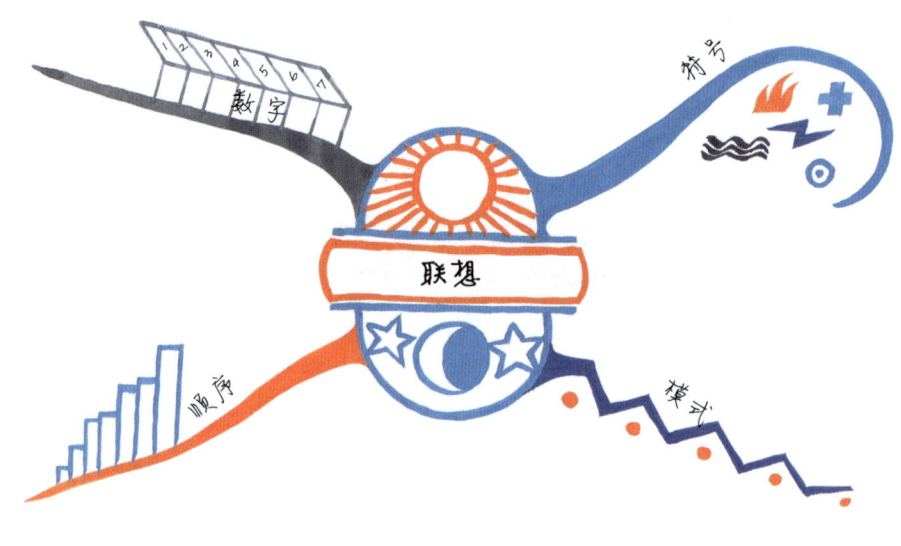

图 5-6　运用其他记忆法则的思维导图

8. 吸引力

我们都知道，对于吸引我们的事物或人，我们都喜欢多看一眼，内心也感到很舒服。比较起那些不太引人注意的事物，我们更容易记住那些引人注意的事物。通过想象，可记住那些引人注意的、积极的形象和联想。

9. 欢笑

我们笑得越多，我们就越喜欢考虑自己想记住的东西，而且也容易唤起信息。我们可以利用幽默、荒谬和乐趣来增强记忆和回忆的能力。

10. 积极思维

在大多数情况下，我们更容易也更乐于回忆那些积极的形象和经历。这是因为，大脑喜欢回忆那些生活中美好的事物和积极的经历，而那些消极的联想和经历常常会被大脑阻塞和修正（见图5-7）。

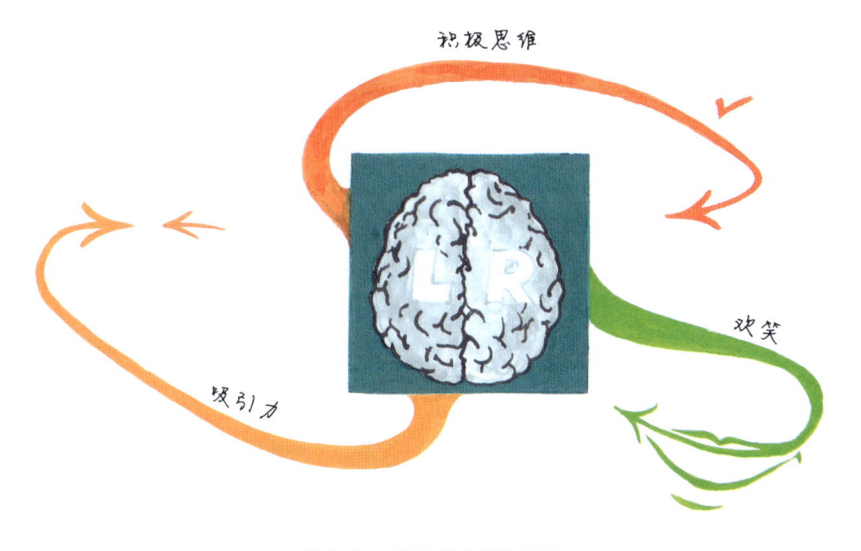

图 5-7 积极思维的思维导图

关键词和关键图像

在第 6 章和第 7 章中，你将发现，使用关键图像和关键词回忆信息或制作思维导图比较容易。这些关键图像和关键词将在记忆里相互激发，这一个个的激发就是一个个衣钩，你可以在上面挂上你想记住的其他事物。下面的两个关键记忆法利用的就是这个原则，它们是有效学习的重要辅助工具。

5.10　两个关键记忆法

5.10.1　数字—形状法

- 数字—形状法对于短期记忆特别有效，可用于回忆那些只需要记住几个小时的事物。
- 每个数字对应一个你自己选择的固定的图形。

数字—形状法很简单。你需要做的就是为数字 1~10 各选择一个图像。你可以按照下面的范例来做。因为我们每个人的想法不同，所以最好的图像是自己选择和创造出来的。一旦理解了这个方法，你就可以把下面的单词和图像更换为符合自己想象的单词和图像。

每个关键图像都会在视觉上使你想起一个与其相联系的数字。图像应该生动、简单：容易绘制，容易想到，容易记住。下面就是一个典型的例子：

1. 画笔　　　　　　2. 天鹅
3. 心脏　　　　　　4. 帆船
5. 钩子　　　　　　6. 大象的鼻子

7. 悬崖　　　　　　8. 雪人
9. 带细木棍的气球　　10. 球棒和球

通过练习，当你想到数字4时，你的头脑中会自动浮现一艘帆船的形象；当你想起数字2时，你的头脑中也会自动浮现一只天鹅的形象。

由于我们每个人的想法都不同，这些数字在每个人心目中激发的图像也各不相同。给自己10分钟的时间，用自己喜欢的图像替换上面列举出来的图像，为每个数字选择一个自己感到最好用的图像。这些图像就成了你的数字形状记忆的关键图像。

用92页提供的空白格子写下每个数字，并且绘制代表每个数字的图像。

- 不要担心你的图像有多"好"或多"坏"。
- 用色彩使图像活起来，并且强化它们在你大脑中的印象。
- 使用夸张和运动等记忆法则。

1. 完成这个任务之后，闭上眼睛，在大脑中过一遍这10个数字，确保你已经记住了与每个数字相关联的图像。

2. 然后从10倒数到1，重复一遍上面的做法。

3. 练习随机回忆这些数字，直到这个数字形状图像联想成为你的一种习惯。

4. 这其中的要点是，图像（而不是数字）要逐渐与数字顺序统一。

5. 一旦你能够立即回想起这些数字形状图像，你就可以在学习的情景中运用它们了。将这些数字形状图像与其他单词挂起钩来，然后再通过联想把它们联系在一起。

数字—形状法练习

看一眼下面列举的事物：

1. 交响乐
2. 祈祷
3. 西瓜
4. 火山
5. 摩托车
6. 阳光
7. 苹果馅饼
8. 鲜花
9. 宇宙飞船
10. 麦田

- 在大脑中回想上页你所选择的代表数字1~10的数字形状图像。
- 把那些关键图像挂到上面列举的每个单词上。
- 再通过联想把它们联系在一起。
- 联想要奇异、疯狂、色彩斑斓，从而使你记住它们。

例如，当与上面列举的单词配对时，我的数字—形状记忆关键图像是：

1. 画笔　　　　　　　　+交响乐
2. 天鹅　　　　　　　　+祈祷

3. 心脏 +西瓜
4. 帆船 +火山
5. 钩子 +摩托车
6. 大象的鼻子 +阳光
7. 悬崖 +苹果馅饼
8. 雪人 +鲜花
9. 带细木棍的气球 +宇宙飞船
10. 球棒和球 +麦田

其中的联系可以是这样的：

1. 对于交响乐，你可能会想到一位乐队指挥正用一支巨大的画笔在狂热地指挥着乐队演奏。

2. "祈祷"是一个抽象的词语，可以通过为图像添加形状来表征。你可以想象天鹅展开翅膀，就像祈祷者伸开两臂一样。

3. 只要稍加想象，西瓜就可以变成心形的水果——正在跳动的水果。

4. 想象海洋中巨大的火山，在你的帆船下面猛烈地喷射着红色的岩浆。

5. 想象一个巨大的钩子也许会从天而降，把你和你胯下飞驰的摩托车一起从路面上吊起来。

6. 想象阳光正从大象的鼻子中流出来。

7. 悬崖完全可以用苹果馅饼堆成。

8. 想象春天里的一个雪人，从头到脚都裹着芬芳的鲜花。

9. 想象一艘微型的宇宙飞船飞进了你那带细木棍的气球，引起了它的爆炸。

10. 想象球棒击打在球上的撞击感,球飞过金色的、微风吹拂着的麦田。

你明白了吧？

只有当你开始创造自己的序列时，你才会意识到这个方法的作用。不要只是阅读这里给出的例子，去创造出你自己的想象吧。你的联想越荒谬、越过分、越感性，你就越能够走进你的想象。你练习得越多，这个方法使用起来就越方便，最终也将会成为你的一种习惯。

5.10.2 数字—韵律法

与数字—形状法一样，数字—韵律法也很容易掌握，而且它们基于一个相同的法则。当你需要短时间地记住一个较短的事物清单时，这个方法非常理想。

数字—韵律法与数字—形状法的唯一不同是，在这个方法中，代表1~10的数字不是形状，而是一些同韵的声音。你选择的词语应该能激发起生动、简单的图像：容易绘制，容易想到，容易记住。

下面的同韵单词列表可以供你参考。

1. （one）　　　bun（面包）
2. （two）　　　shoe（鞋子）
3. （three）　　tree（树）
4. （four）　　　door（门）
5. （five）　　　hive（蜂群）
6. （six）　　　 sticks（木棍）
7. （seven）　　heaven（天堂）
8. （eight）　　skate（溜冰）
9. （nine）　　 vine（葡萄藤）
10. （ten）　　　hen（母鸡）

发挥你的想象力（如果你希望设计不同的图像），想出一些其他你更容易记住的韵律图像。①

选择容易记忆的单词，并且与每个数字联系起来，在下页的方框中绘制出图形——尽量利用色彩和想象。

- 为了使你在大脑中对每个图像有个清晰的印象，闭上眼睛，想象着把这些图像投射到眼帘的内部，或者投射到大脑中的一个屏幕上。
- 去听，去感觉，去嗅，用对你来说最有效的方式去体验每个图像。

当你完成这项任务后，闭上眼睛，在头脑中过一遍这 10 个数字，确保你已经记住了与每个数字同韵的图像。然后从 10 倒数到 1，重复一遍。你练习得越多，你的联想和创造性思维能力就提高得越快。

- 练习随机回忆这些数字，直到这个数字韵律图像联想成为你的一种习惯。

数字—韵律法练习

一旦你记住了数字韵律的关键词和关键图像，你就可以把这个方法投入实际应用了。首先从下面的列表开始。

1. table（桌子）

2. feather（羽毛）

3. cat（猫）

4. leaf（树叶）

5. student（学生）

6. orange（橘子）

---

① 中文读者可以按中文 10 个数字（1~10）的同韵母，挑出 10 件事物，创造属于自己的韵律序列。

7. car（小汽车）
8. pencil（铅笔）
9. shirt（衬衣）
10. poker（扑克牌）

参考前面讲的，你将发现这一数字—韵律配对如下所示：

1. （one）   bun（面包）   + table（桌子）
2. （two）   shoe（鞋子）   + feather（羽毛）
3. （three）   tree（树）   + cat（猫）
4. （four）   door（门）   + leaf（树叶）
5. （five）   hive（蜂群）   + student（学生）
6. （six）   sticks（木棍）   + orange（橘子）
7. （seven）   heaven（天堂）   + car（小汽车）
8. （eight）   skate（溜冰）   + pencil（铅笔）
9. （nine）   vine（葡萄藤）   + shirt（衬衣）
10. （ten）   hen（母鸡）   + poker（扑克牌）

关键词被标以粗黑体。它们是你的记忆触发器，而且不管你想记住其他什么事物，它们都要保持不变。

运用想象和联想，在这些成对的单词之间创设联系。可能的联系说明如下：

1. 想象一个巨大的**面包**放在一张不堪重负的桌子上，闻着新鲜出炉的烤面包的香味，细细品尝一下你喜欢的面包吧。

2. 想象在你最喜爱的**鞋子**里面突然长出一片巨大的羽毛，让你没法穿，还把你的脚弄得痒痒的。

3. 想象在一棵**大树**下，你家的猫咪或你认识的一只猫正在枝杈间发疯地爬着、大声地叫着。

4. 把你的卧室**门**想象成一片巨大的树叶，一开门就沙沙作响。

5. 想象一个穿着黑黄相间条纹衣服的学生在忙忙碌碌，或者想象他坐在桌前学习，一滴**蜂蜜**滴到了他的书上。

6. 想象用粗大的**木棍**敲打像沙滩排球那么大的橘子的外皮，摸一摸、闻一闻从它里面渗出的液体。

7. 想象所有的天使都坐在小汽车里，而不是乘云飞来飞去。体验一下自己开车，飘飘然犹如在**天堂**的感觉。

8. 想象你在人行道上**溜冰**，还听得见溜冰鞋轮子与地面的摩擦声。绑在溜冰鞋上的彩色铅笔随着你滑动，画出色彩缤纷的图形。

9. 想象**葡萄藤**大如《杰克与魔豆》中的大豆茎，藤上长的不是树叶，而是挂着色彩鲜艳的衬衣，随风飘舞。

10. 现在轮到你了，想象一只**母鸡**，带着一张扑克牌。

（参照图5-8）

检查所有的单词和图像之间的联想是否生动、积极、简单和清晰，确保它们能为你服务。请你相信，每练习一次，你的技能就会得到一定的提高，你的记忆力也将超越一般水平。

这两个关键记忆法将极大地提升你的回忆和记忆能力。作为重要的学习工具，它们可以帮助你排除学习和复习方面的很多障碍，克服考试和各种课程学习上的困难。实际上，这两个概念直接导致了思维导图的发展。思维导图是各种图像连接在一起的网络，它综合了记忆理论的各个主要部分，以及左脑和右脑的知识。

图 5-9 是一幅关于记忆法的思维导图。思维导图利用关键词和关键图像来提升你的记忆力。你将在第 6 章中发现思维导图的作用。

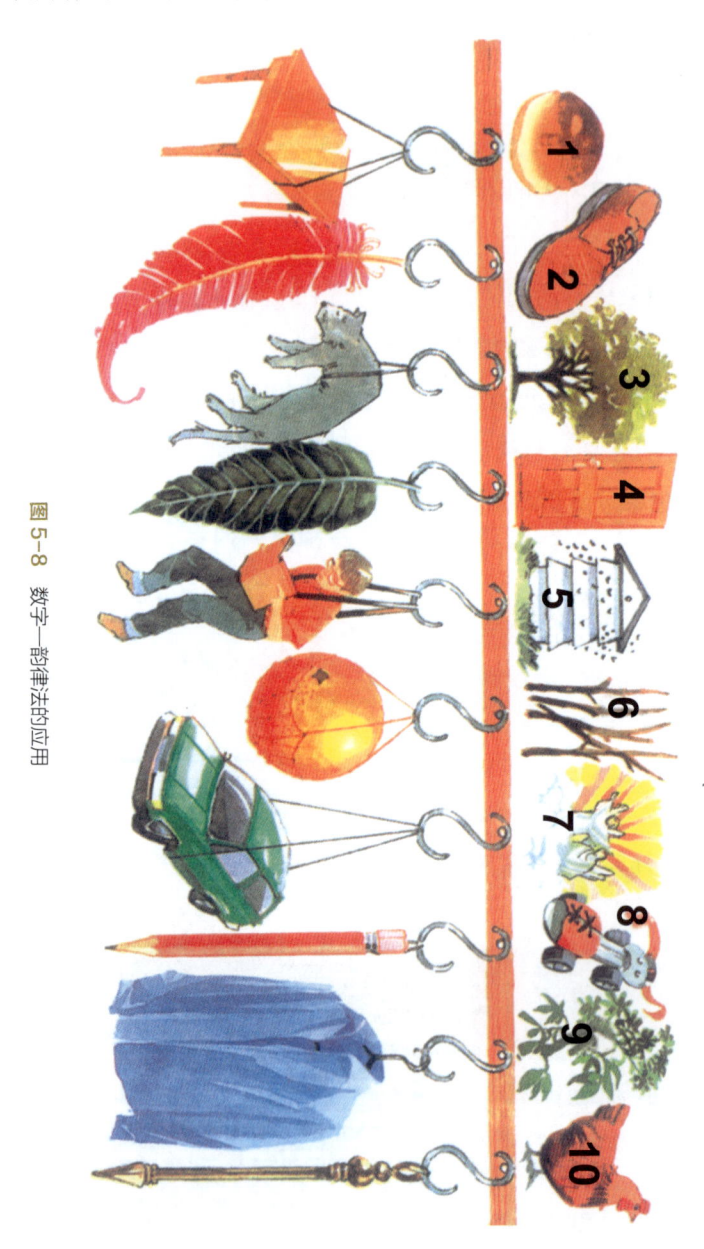

图 5-8 数字—韵律法的应用

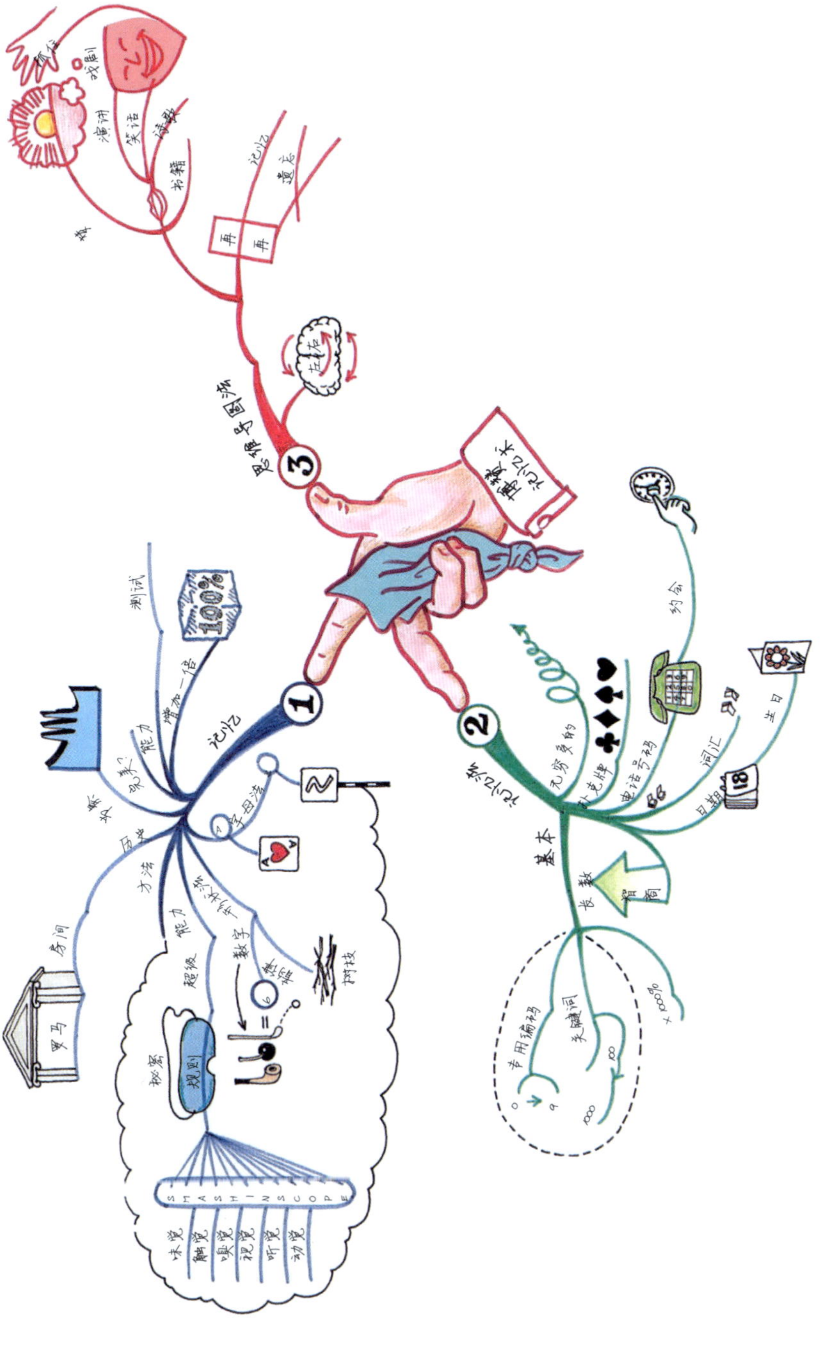

图 5-9 关于记忆法的思维导图

第 5 章 超级记忆 101

| 下章提示 |

　　现在你已经了解了学习的各个主要组成部分，也明白了如何将快速阅读和记忆法则与博赞有机学习技巧结合起来使用。在最后两章里，我将带领你逐渐了解思维导图，进入一个非常综合的和容易操作的学习领域。

第 6 章
思维导图

欢迎来到思维导图。它是记笔记、备考的一个核心学习技巧,也是一个极富创造力的全新工具,用于更巧妙、更快捷地实施研究和复习计划。

思维导图是挖掘大脑无限潜力的革命性方法。我首次发现思维导图是在学生时代，那时我正在寻求记笔记的有效方法，我把思维导图作为一种学习和记忆的方法。思维导图不仅仅是一个帮助记忆的视觉工具，而且还是一个动态和有机的复习工具、时间管理器、记忆触发器。

6.1　思维导图的定义

思维导图是用图解的形式和网状的结构，加上关键词和关键图像，储存、组织和优化信息（通常在纸上）。其中的每个关键词和关键图像都承载着特定的记忆，鼓励新的思维，它们是记忆触发器。思维导图中的记忆触发器是揭露事实、思想和信息的关键，也是释放大脑真正潜力的关键。

思维导图之所以有效，是因为它动态的形状和形式。它根据脑细胞的形状和形式绘制，目的是促使大脑快速、高效、自然地工作。

我们每次看到叶脉或树枝，其实看到的就是自然的"思维导图"，反映的是脑细胞的形状，以及我们自身被创造和连接的方式。像我们一样，自然世界也是在不断变化和更新的，也有一个类似我们的沟通结构。思维导图是一个自然的思维工具，它利用的就是这些自然结构的灵感和效率。

思维导图特别适用于阅读、复习、记笔记和备考。它对收集和整理信息特别有用，可以帮助你识别下列各种资料中的关键词和关键事实：

- 参考书、教科书、一手资料和二手资料。
- 讲义、辅导手册、课程笔记、研究资料。
- 你的大脑。

思维导图可以帮助你高效地管理信息，提高个人成功的概率。通常来说，使用思维导图的学生都有信心实现他们的目标，而且为达到目标始终努力着。

6.2　线性思维与整体思维

因为我们说的和写的都是句子，所以，我们就想当然地认为思想和信息的储存方式也是线性的或像表单一样。这是一种狭隘的看法，不久之后，你就会明白这一点。

我们说话时是一个字一个字地说，与此类似，印刷时字也是一行一行、一句一句地印刷，有开头，有中间，也有结尾。这种线性的表达在小学、中学、大学中持续出现，学生被鼓励用句子和黑圆点的形式记笔记。

这种方法的局限性在于，它需要花费很长时间才能够接触到问题的核心，而在这个过程中，你会说、听或看大量对于长期记忆毫无益处的信息。

我们现在知道，大脑是多维度的，而且是专门吸收非线性信息的。例如，看相片、图画，或理解每天见到的图像和周围环境。大脑在听到一系列的句子时，并不是一个字一个字地吸收信息，而是把信息作为一个整体来吸收、分类、理解，并且以多种方式反馈。整体思维正是博赞有机学习技巧的前提（参见第3章和第7章）。你听的每个字，都会把它放在现有知识和其周围文字的背景下来考虑。在做出反应之前，你不需要听到所有的句子。关键词是大脑这一多维数据分选器的"指示牌"。

6.3 关键词与关键图像

这里的"关键"一词的意思不仅仅指"重要",它放在"词"和"图像"之前,还表明这是一个"记忆的关键"。关键词或关键图像是刺激大脑和追寻记忆的一个至关重要的触发器。

关键词是挑选出来或创造出来的特殊词语,它是你希望记住的重要事物的独特参照点。词语刺激的是你大脑的左半球,是掌握记忆的重要因素。但是,它们没有关键图像力量强大(如果你肯花费时间把词语转化为图像的话)。一个有效的关键图像会刺激大脑的两个半球,而且会调动你身体的各种感官。关键图像是思维导图和博赞有机学习技巧的核心。

下面举一个简单的例子来说明关键词和关键图像对记忆的帮助:

- 当试图找到一个图像来概括水资源和垃圾管理的概念,以及水资源短缺的问题时,你可能会选择词语"水龙头"。
- 作为一个关键词,"水龙头"会激发你左脑的分析型记忆。
- 画一个水龙头的图片,再配以一滴水从中滴出来,你就创造了一个关键图像,这将激发你右脑的视觉记忆。
- 这幅图片将成为一个视觉触发器,它不仅代表书写的词语,而且还代表水资源和废物管理,就好比是一家企业水管漏水和蓄水池储水量下降。

词语本身不足以激发你对水能研究的所有回忆,因为它没有动用你的整个大脑。一个句子也不会激发所有的经验,因为句子会限制思维。把关键词转化为关键图像的目的就是把左脑和右脑的功能结合起来。这一结合将发散联系,并且激发你对全部相关信息的回忆。

下面举另一个例子来说明大脑是如何受限于关键词的:

- 你打声讯电话咨询从学校公寓到你家的18：50的火车。在自动语音提到你的家乡时,你被告知那天晚上沿这条线的一个城市有火车晚点,第一处晚点的车站就在你大学的外面。
- 就在那一刹那,你的大脑开始联想与回家相关的感情：躺在舒服的床上睡觉,或者享受晚餐的美味。这一切让你开始权衡是坐长途汽车,还是待一个晚上再坐第二天早上的火车。
- 做出这一反应的原因是,词语"晚点"行使了关键词的职能,从而激发了多方面的反应,而这时你还没有听到有关你最初问题的具体信息,自动语音还没有说完一个句子。
- 回家仍然是你的主要目的,但目前火车晚点成了一个中心概念。

因此，关键词及其上下文是非常重要的记忆触发器,而大脑内部的网络对于理解才是最重要的。

关键词——去除冗词赘语

我们说话和写作的时候都习惯于用完整的词句,因为我们认为,正常的句子才是储存和回忆语言图像和思想的最佳方法。实际上,学生们记的笔记有90%都是多余的,因为大脑天然就偏爱代表大图景的关键词。这就意味着：

- 时间被浪费在了记录那些对记忆毫无意义的词语上。
- 时间被浪费在了重新阅读那些多余的词语上。
- 时间被浪费在了搜索关键词上,因为它们没有以任何方式凸显出来,是完全与整体混淆在一起的。
- 时间被浪费在了连接关键词上,因为在建立它们之间的连接时使用了多余的连接词,从而使这种连接的建立慢了下来。
- 距离削弱了关键词之间的联系。它们相距得越远,联系就越松散。

6.4　大脑的语言

关键词和关键图像都很重要。请记住，大脑的主要语言既不是口头的话语，也不是书面的文字。大脑通过你的感官在图像、颜色、关键词和思想之间为创建联系而工作。简单地说，就是想象和联想。它们与整个大脑的活动有关，而且会在你使用下列记忆法则的时候受到激发：

- 感觉。
- 夸张。
- 韵律和运动。
- 色彩。
- 欢笑。
- 图片和图像。
- 数字。
- 词语。
- 符号。
- 顺序。
- 模式。

我们都喜欢看那些令人感觉舒服的人和事。为了使你的思维导图变成你喜欢看的东西，并且还想回头参考，那么它就需要：

- 积极地表现事件或计划。
- 看上去有吸引力。

包含这些重要因素的思维导图可以促使大脑以更加具有创意的方式，去联想、联系和连接你的想法、恐惧、梦和理想，超越任何形式的笔记。能够激发大脑联想的思维导图有助于你更快和更富有创意地连接重要的思想，超越任何其他形式的"头脑风暴"。

> 思维导图比任何形式的标准笔记都好用。相对于标准笔记而言，思维导图具有以下几个优点：
> - 主题更加明确。
> - 每个主题的相对重要性界定得比较清楚。
> - 比较重要的主题可以立即在思维导图的中心看出来。
> - 关键概念间的联系可以通过关键词立即看出来，从而促进各个主题和概念的联系，改善记忆。
> - 复习信息快速、高效。
> - 思维导图的结构容许添加额外的概念。
> - 每幅思维导图都是一个独特的创造，因此也就有助于准确地回忆信息。

6.5 发散性思维

要想理解思维导图有效的原因，你有必要进一步了解大脑思考和记忆信息的方式。正如我们前面解释的那样，大脑不是以线性和单调方式思考的，它是以关键词和关键图像为中心触发点，朝着多个方向同时思考的，这也就是我们所说的发散性思维。正如这个术语所说，思维就像树枝、叶脉一样向外发散，或者像源自心脏的血管一样向外发散。同样，思维导图起始于一个中心概念，向外发散，接收细节信息，它反映了大脑的活动。

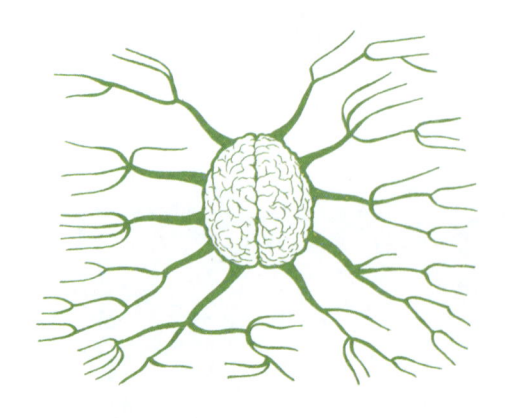

你记录信息的方式越接近大脑的自然工作方式，你的大脑就越能够高效地回忆起重要的事实和激发个人的记忆。为了说明这一点，我们不妨来做一下下面的练习。

6.5.1　发散性思维练习一

大部分人都认为大脑是用语言思考的。我现在要求你，从你大脑这个巨大的数据库中搜寻一条信息，对于这条信息你事先没有时间考虑。一旦你接触了这条信息，我要你考虑下面的问题：

- 你要搜寻的是什么？
- 你花费了多长时间才搜寻到？
- 它有颜色吗？
- 你围绕这条信息的联想是什么？

下面就是这条信息：

香　　蕉

大多数人都熟悉香蕉的样子。当你"听到"这个词语时，你可能就会看到黄色、褐色或绿色——颜色视香蕉的成熟情况而定。你可能看到它弯曲的形状。你可能会联想到一种水果沙拉、早餐麦片或奶昔的形象，它好像是从天上掉下来一样。这个形象立刻就出现了，而你不可能花费任何时间看这个词语的构成。这个形象已经储存在你的大脑里了，你只需要激发它，使它释放出来。我们从中得知，我们最终是以图像思考的，而不是用词语思考的。

一个小测试可以表明，无论性别、地位或国籍如何，每个人都能使用发散性思维把关键词与关键图像联系起来——瞬间联系起来，这是我们思维的基础，也是思维导图的基础。思维导图设计的初衷是促进和提高你的发散性思维进程。

6.5.2　发散性思维练习二

你要完成一幅微型思维导图，以表现"幸福"这一概念。围绕这一词语有 10 个联想的关键词的空间。

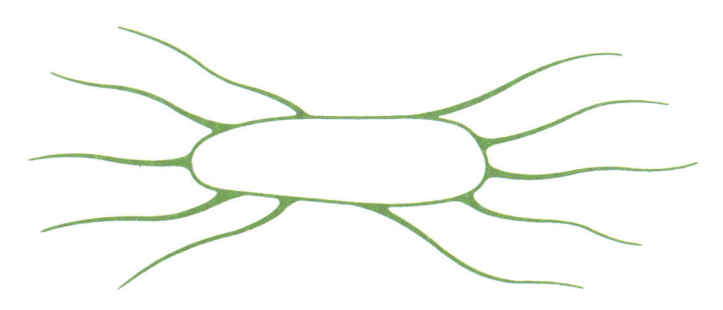

- 首先画一个中心图代表你的"幸福"。
- 然后，当你思考代表"幸福"的图片时，在周围的内容分支上写下 10 个联想的关键词，从中心发散出来。
- 要把进入脑海的第一批词语写下来，这一点很重要，不要管这些词语有多荒唐。不要自我检查,也不要停顿下来思考。
- 如果你发现很容易想起10个以上的词语,那么就再画一些分支把它们包含进来。
- 完成之后,对照下面的例子比较你的结果(见图6-1)。

这个练习的目的在于说明,一旦你的大脑开始在词语的层面上"自由联想",那么它就会不断联想下去。这很像是在因特网上跟踪链接,你在不自觉中会跳转到更多的链接。

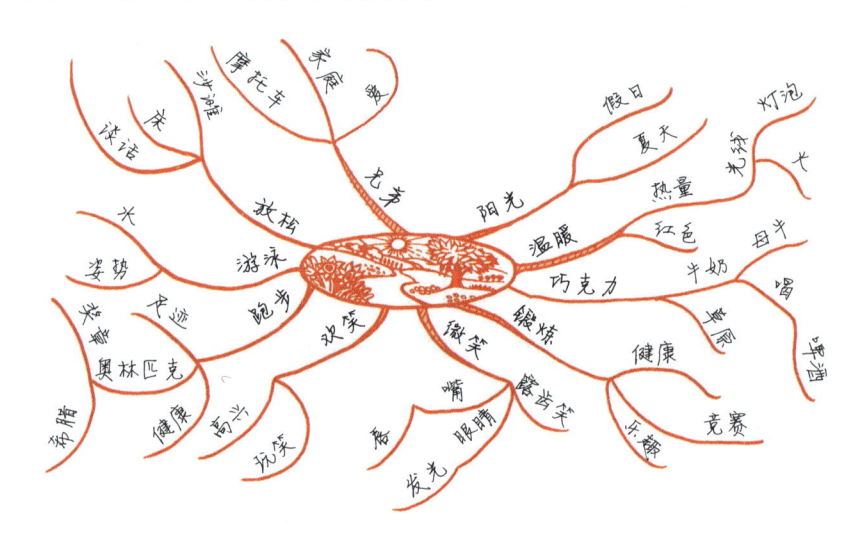

图6-1 关于"幸福"的思维导图

6.6 如何准备思维导图

思维导图代表一个人在纸面上的思想旅行,像任何成功的旅行一样,它也需要一些计划才能成功。制作思维导图的第一步是确定你要走向哪里:

- 你的目标或前景是什么？
- 构成你目标的次级目标和类别是什么？
- 你正在规划一个学习项目吗？
- 你在努力思考一篇文章的主题吗？
- 你需要为未来的一个讲座记笔记吗？
- 你正在规划整个学期的一门课程吗？

做出这样的决定是很重要的，因为成功的思维导图需要有一个中心图来表现你的目标，而第一步应该是在思维导图的中心画一张图，代表成功的目标。

6.6.1 用图画思考和用色彩思考

"一图值千字"这句格言确实有道理。在一项实验中，科学家让一群人以每秒一张的速度看 600 张图片，随后立即接受回忆测验，回忆的准确率高达 98%。人类的大脑记忆图像比记忆文字更容易些，这也就是思维导图的主题要用图像来表示的原因。在思维导图的其他地方，使用图像也是很重要的。要想练习你的图像联想能力，回头看发散性思维练习二中的"幸福"一词，看看你是否能够完全用图像重新绘制这样一幅思维导图。

为了确保你的思维导图是一个真正有用的工具，中心图应该让你在看到它的时候感到积极向上、焦点明确。所以，你应该用色彩思考，最好是多色彩地思考，而不要用乏味的单一色调来思考。思维导图不需要绘制得很漂亮，也不需要多么地艺术化。创造一个积极的景象，它本身也将具备一种生命力和能量，从而帮助你集中注意力。当你被聚焦的时候，你就像非常强大的激光束：精确，以目标为导向，异常强大。

6.6.2 基本分类概念

思维导图各个概念的组合要有一定的结构。第一步是要确定你的基本分类概念（Basic Ordering Ideas）。基本分类概念（BOIs）就像是"钩子"，在上面可以挂所有相关的概念（就像是教材章节的标题一样，代表那几页书的主题内容）。BOIs 是思想的章节标题：代表最简单、最明显的各类信息的词语或图像。这些词语可以自动吸引你的大脑去考虑最大数量的联想。

如果你不确定自己的 BOIs 应该是什么，那么就问自己下面一些简单的问题，因为它们都与你的主要目标或前景有关：

- 达到我的目标需要什么样的知识？
- 如果这是一本书，那么它的章节标题应该是什么？
- 我的具体目标是什么？
- 在这一学科领域，7个最重要的门类是什么？
- 对于最基本的7个问题（为什么？什么？哪里？谁？如何？哪个？什么时候？），答案是什么？
- 是否有一个更大的类别更恰当地包含这一切？

例如，一幅生活计划的思维导图可能要包含下列一些有用的 BOIs 类别：

个人经历：过去，现在，未来
优点　弱点　喜欢　反感
长期目标　家庭　朋友
成就　兴趣爱好　情感
工作　责任

考虑周全的 BOIs 的好处有：

- 主要的概念都被放在了适当的位置，那么次要的概念就可以轻松地跟上，自然地流动。
- BOIs有助于形成、整理和构造思维导图，使思维能够以自然和有序的方式进行。

开始绘制思维导图之前，你在确定第一批 BOIs 的时候，其他的概念也会以更流畅和实用的方式出现。

6.6.3 纸和笔

要想绘制有效的思维导图，你需要：

- 备有纸张：要准备一个空白练习本，全是素白页的；或者准备一些高质量的、大幅面的白纸。
- 备有多支各种颜色的笔，能够画出粗、中、细不等的线条。
- 至少有10~20分钟不受干扰的时间。
- 大脑。

6.6.4 再论纸

- 你需要备较多的纸，因为这不仅是一次实践练习，而且还是一次个人的旅行。经过一段时间之后，你可能会回过头来参考你的思维导图，评价你的进步，回顾你的目标。

- 你需要大幅面的纸，因为你需要空间来探索你的思想。小的纸幅会限制你思维的风格。
- 纸面应该保持干净，没有线条，这样才可以让你的大脑以非线性的、创造性的方式自由地思考。
- 最好使用练习本或活页簿，因为你的第一幅思维导图是一个工作日志的开始。你不想在下意识里受到需要"整洁"的限制，而且为了看清你的计划和需要是如何随着时间的发展而发展的，你需要把所有的概念汇集在一起。

6.6.5 再论笔

- 你需要书写流畅的笔，因为你希望能够读懂你所创作的东西，而且你也希望写得快一点儿。
- 颜色的选择也很重要，因为色彩会刺激大脑，激发创造力和视觉记忆。
- 颜色还可以让你为思维导图赋予结构层次和重点。

6.7 绘制思维导图的详细技巧

6.7.1 突出重点

始终使用中心图

- 图像可以自动地吸引眼睛和大脑的注意力，它可以触发无数的联想，而且还是帮助记忆的一个非常有效的方法。
- 另外，一幅有吸引力的图像可以让你感到愉悦，引起你的注意。
- 如果某个词语（而不是图片）被用作中心图，那么这个词也可以通过增加阴影、色彩和吸引人的外形，变得更加富有立体感（请参照图6-2）。

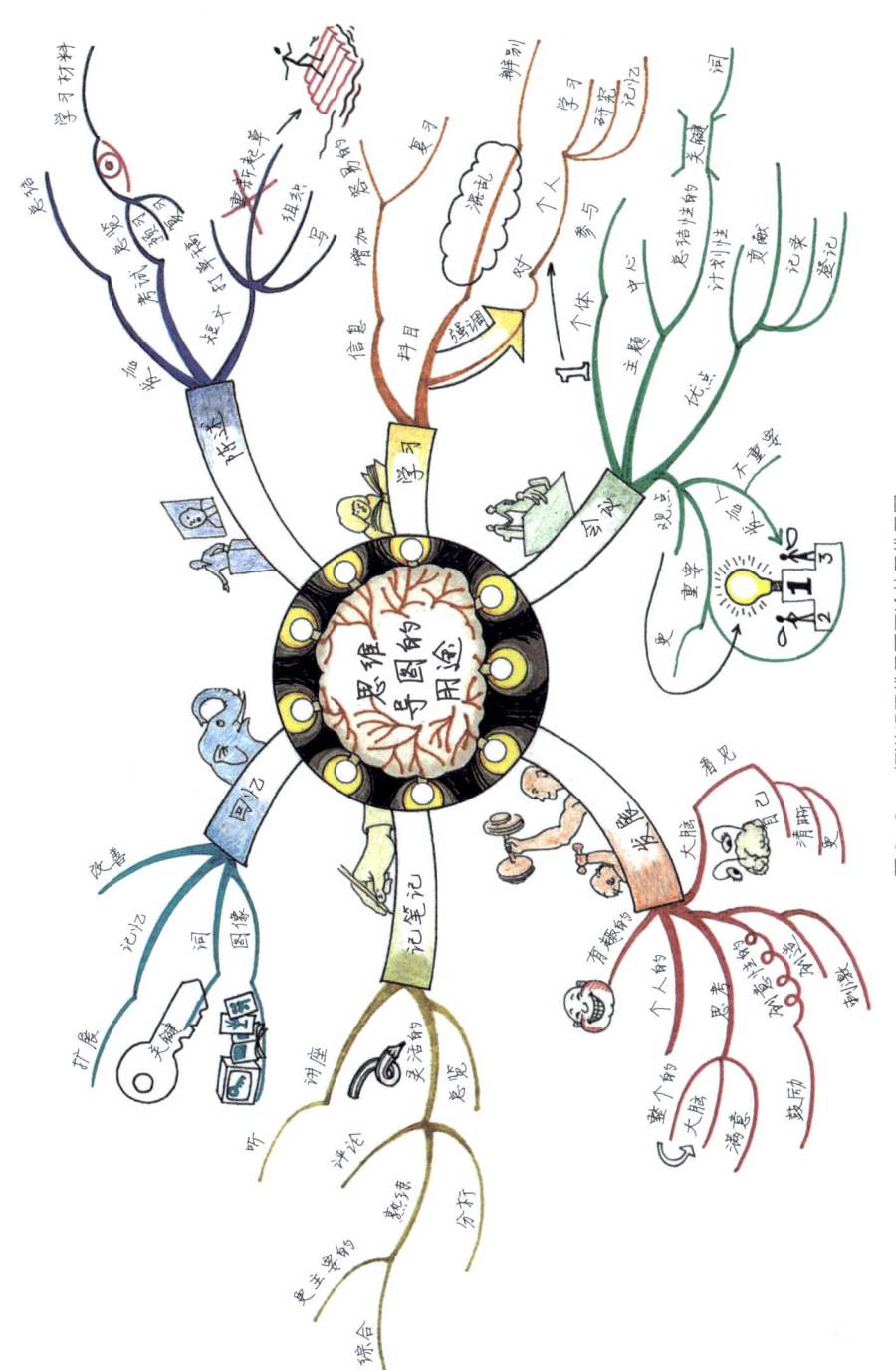

图6-2 一幅说明思维导图用途的思维导图

整个思维导图中都要用图像

- 让图像贯穿整个思维导图不仅可以增加更多的焦点,而且还可以使它看上去更有吸引力。它还可以使你向周围的世界"敞开头脑",从而刺激左脑和右脑。
- 中心图上要用三种及以上颜色。色彩会激发记忆力和创造力:它们会唤醒你的大脑。这与色彩单一的图像大不相同,色彩单一会使大脑感到单调,让人容易瞌睡。
- 图像和文字要有立体感。这会使事物"凸显"出来,而突出的事物更容易被记住。运用立体感是突出关键词特别有效的方式。

字号、线条和图像的大小要有变化

- 字号大小的变化可以给人一种层次感,表明事物的相对重要性。

间隔要组织有序

- 有序地组织思维导图的各个内容分支有助于区分概念的层次和分类,让思维导图更容易阅读,更加赏心悦目。在思维导图上的每个条目之间空出一定的地方,一方面可以使每个条目看上去更清晰,另一方面间隔本身也传递信息。

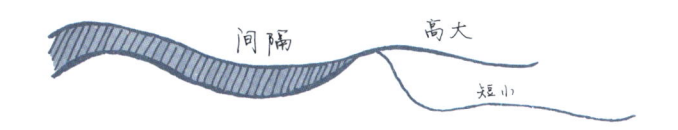

6.7.2 发挥联想

使用箭头

当你想在分支内和分支间建立连接时,可以使用箭头。

箭头可以自动地引导你的眼睛,把事物连接在一起。箭头还暗示着运动,而运动对于有效记忆和回忆非常有帮助。

箭头可以指向一个方向,也可以指向多个方向,其大小、形状也可以有变化。

使用各种颜色

- 色彩是加强记忆和提高创造力最为有用的工具之一。
- 为了编码而选择特定的颜色,可以使你快速地获取包含在思维导图内的信息,而且还可以帮助你更加轻松地记住信息。
- 颜色编码对于集体思维导图尤其有用。

使用编码

- 编码可以为你节省许多时间。它们可以使你在思维导图的各个部分之间快速建立联系,不管这几个部分在纸上看起来有多远。
- 编码可以有多种形式:钩号、叉号、圆圈、三角形、下画线,也可以更精细些。

6.7.3 清晰明白

每条线上只写一个关键词

- 每个词都会引发数个可能的含义和联想。
- 每条线上只写一个词会使你有更多联想的空间。另外，每个词都与相邻的一条线上的一个词语或图像连接。这样，大脑才可以接纳新的思想。
- 每条线上只写一个关键词，可以给这个关键词及你的大脑充分的自由，使其向各个可能的方向发散。如果你能够把这个规则用好，你的大脑将会释放无限的创造潜力。

所有的字都用印刷体书写

- 印刷体在字形上较为固定，因此，也更易于让大脑"拍照"和保存。
- 用印刷体书写词语所额外花费的时间，可以使其优势得到更大的补偿，因为它可以提高联想和回忆的速度。
- 用印刷体书写的字会显得更加简洁，可用于强调词语的相对重要性。

关键词都要写在线条上

- 思维导图上的线条很重要，因为它们把一个个的关键词连接在了一起。
- 关键词需要连接到线条上才能够帮助你的大脑将思维导图的其他部分连接起来。

线条的长度要与词语的长度相等

- 如果词语和线条的长度相等，那么它们看上去也更醒目，而且也更方便与两边的词语连接。
- 另外，所节约的空间也可以让你为思维导图添加更多的信息。

线条要连接在一起，主要的内容分支要与中心图连接

- 把思维导图中的线条彼此连接有助于思维在大脑内部的连接。
- 线条可以变成箭头、曲线、圆形、环形、椭圆形、三角形或其他任何形状。

中心的线条要粗些，而且要保持弯曲

- 较粗的线条会向你的大脑发出一个信号，即它们是最重要的，所以要把中心的线条全部加粗。开始的时候，如果你不确定哪些概念是最重要的，那么你可以在完成思维导图之后再加粗线条。

围绕思维导图的分支创造形状和边界

- 形状可以激发你的想象力。

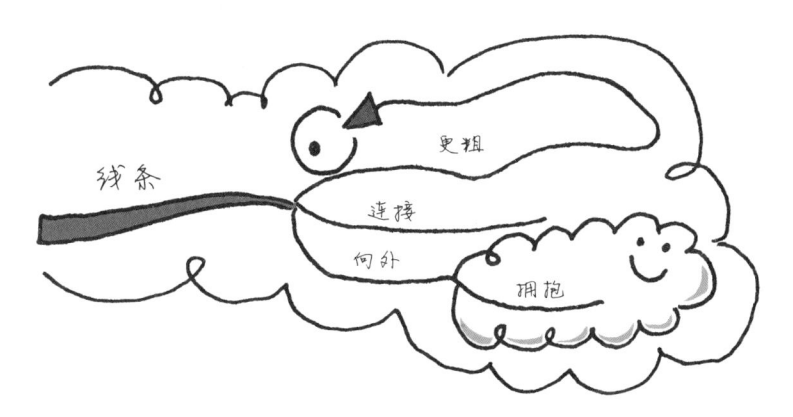

- 在思维导图中创造形状（例如，围绕思维导图的一个内容分支创造一个形状）可以帮助你轻松地记住更多主题和概念。

图像尽量画得清楚些

- 整洁的页面可以使思维变得清晰。清晰的思维导图看上去也更加具有格调，更加优美，用起来也更加舒心。

把纸横放在你面前

- 风景画格式可以让你有充分的自由去绘制思维导图。
- 而且思维导图完成之后读起来也更容易些。

词语尽量横着写

- 横着写的词语可以让大脑更容易接近已经在页面上表达出来的思想。这个规则不仅适用于线条的角度，也适用于词语。

6.7.4　突出层次

- 思维导图的布局和结构对于你如何使用思维导图及其实用性有很大的影响。

6.7.5　使用数字顺序

- 如果你的思维导图是某项核心论题的基础，那么你就需要把自己的思想排序，按时间排序或按重要性排序都可以。
- 为此，你只需要给各个分支按照期望的行动顺序或优先顺序编号即可。
- 其他的细节层面，如日期，可以根据你的喜好添加。除了数字之外，也可以用字母编号。

6.7.6　形成个人风格

对于自己创造的东西，你总会更容易记住它和想起它。

6.8 创作思维导图的禁忌

任何思维导图的创作者都会面临以下三个危险的领域：

- 创造出一些实际上不是思维导图的图形。
- 使用短语而不用单个词语。
- 无谓地担心创造出"乱七八糟"的思维导图，结果造成一种消极的情感反应。

6.8.1 实际上不是思维导图的图形

看一下下面的一些图形。每个图形都是一个初学思维导图的人画的，他们还没有完全掌握画思维导图的基本规则。

乍看起来，我们好像还可以接受，但实际上它们忽略了发散性思维的基本原则。每个概念都是独立的，与其他概念割裂了开来。各个内容分支之间没有动态连接，没有什么东西可以促使你的大脑迸发出新的思想，它们会中断思维。

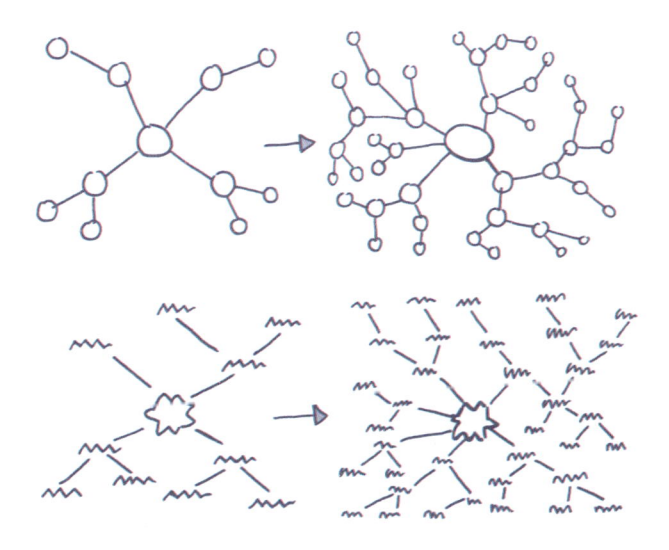

试比较下面完全遵守所有重要原则的一幅思维导图的轮廓。

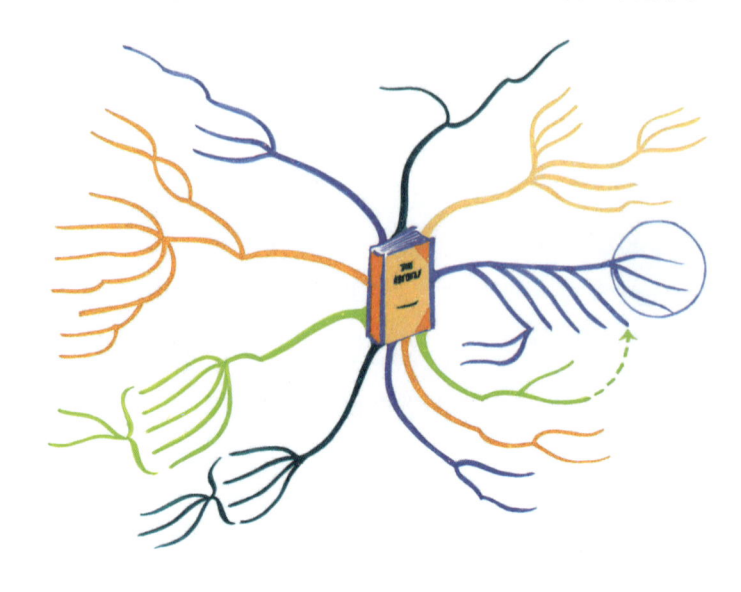

6.8.2 为什么单个词语比短语更好

请看下面的三幅图像。它们完美地说明了为什么在思维导图或良好的思维中使用短语不好。

- 第一幅图把三个词语都写在了同一条线上，这是很不恰当的，因为它没有突出"不开心的"。

- 第二幅图有所提高，因为它把整个短语分成了各个词语，因此使每个词语都能够自由联想。然而，这种仅有文字的方法只利用了大脑的左半球，限制了大脑对词语的创造性反应。另外，从这个图形中也看不出来哪个词语是核心概念。

- 第三幅图遵循了思维导图的所有规则。它不再是一幅完全消极的图画了。我们从中可以看出，不开心的原因与下午是分开的，而且开心这个基本概念被引入了这个综合体。这是一个动态的图像，可以有所改变和选择。

6.8.3 "乱七八糟"的思维导图是"好"的思维导图

由于笔记条件的限制，你不可能总是创作出一幅整洁的思维导图。如果你在听一个讲座，其中呈现的思想观念没有条理性，那么你就不可能立即辨别出核心概念。你的思维导图将反映哪个基础的情形，是你当时思维状态的确切映射。

无论这样的思维导图有多么"乱"，比起把一切都记下来的笔记，它仍然可能包含更多有价值的信息。讲座结束后，立即花费一点儿时间把你的思维导图笔记转化成更富建设性的形式。你可使用：

- 箭头。
- 符号。

- 强调。
- 图像。

或使用其他手段，分辨出基本分类概念，分出层次，添加联系和色彩。如果有必要的话，可根据基本规则，重新绘制思维导图，以便在将来更容易回忆起相关的信息。

6.9　如何创作思维导图

1. **聚焦**于核心的问题、精确的论题。明确你的目的是什么或你想解决什么样的问题。

2. 把第一张纸**横向**放在你的面前（风景画格式），目的是着手在纸的中心创作你的思维导图。这可以让你自由地表达，不受页面狭隘空间的限制。

3. 在空白纸的中心画一个**图像**代表你的目标。不要担心自己画不好，这没关系。用图像来做思维导图的起点是很重要的，因为图像可以激发你的想象力，启动你的思维。

4. 从一开始就用**色彩**来突出重点、创造结构、激发创造力，以及刺激视觉流动和强化图像在头脑中的印象。总体上至少使用3种颜色，而且要创设出自己的颜色编码系统。颜色可以分层次使用，也可以分主题使用，还可以用于强调某些要点。

5. 现在画一些从图像中心向外发散的**粗线条**。这些线条是你的思维导图的主要内容分支,就像粗大的树枝一样,它们将用来支撑你的思想。

一定要把这些主要的内容分支与中心图牢牢地**连接**在一起,因为你的大脑以及记忆是靠联想来工作的。

6. 使用**弯曲**的线条,因为它们看上去比直线更有趣味,也更容易记忆。

7. 在每个内容分支上写一个与主题相关的**关键词**。这些是你的**主要思想**(和你的基本分类概念),与主题相关,例如:

情形　　情感　　事实　　选择

记住,每条线上只写一个关键词,这样可以使你明确你所要探讨问题的本质,而且还可以使联想更加突出地存入你的大脑。短语和句子会限制你的思维,容易使记忆混乱。

8. 在思维导图上增加一些**空白分支**。你的大脑会想在上面放一些东西。

9. 接下来,为你**相关的次级想法**绘制二级和三级分支。二级分支与主分支相连接,三级分支与二级分支相连接,以此类推。在这一过程中,联想就是一切。你为每个内容分支选择的词语可能包括如下问题的主题：谁、什么、哪里、为什么、题目或情形如何。

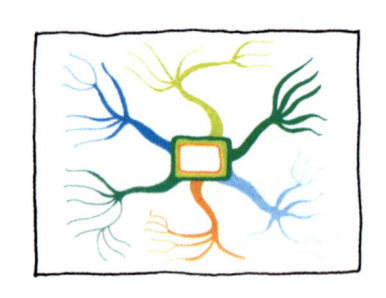

把思想转化为行动

你所完成的思维导图既是一幅反映你思想的图画，又是准备行动方案的第一个阶段。通过为思维导图的每个内容分支编号，便可十分轻松地为你的主题和结论按照重要性排序。

把最重要的学习点编号为1，接下来把第二重要的学习点编号为2，然后编出3号、4号，等等。

下章提示

现在你已经学习了如何创作思维导图，下一章将结合博赞有机学习技巧考查思维导图这一学习技能的应用。

第 7 章

用思维导图和 BOST 彻底变革你的学习

如今在思维导图方面，你已经具备了所需要的一切知识和技能，你可以高效地阅读信息，有序地组织信息，至少以从前两倍的速度阅读资料，成功地记住你所阅读的内容，创作漂亮的思维导图，以超越之前10倍的效率记忆信息。现在你可以把这些技能与博赞有机学习技巧结合起来，为你的教材和学习资料创作思维导图了。

7.1　如何为教科书制作思维导图

具体内容一：准备

1. 浏览——创作思维导图的中心图（10分钟）。
2. 确定阅读的时间及其总量目标（5分钟）。
3. 把与该学科有关的已有知识用思维导图画下来（10分钟）。
4. 确立目标并用思维导图画下来（5分钟）。

具体内容二：应用（时间依据学习材料而定）

5. 总览——添加思维导图的主要内容分支。
6. 预习——第一和第二层次。
7. 精读——补充思维导图的细节信息。
8. 复习——完成思维导图。

7.1.1　准备

1. 浏览（10分钟）

A. 快速阅读：在你仔细阅读教科书之前，最好对它有个总的了解。好的方法是先看一看书的封面、封底和目录，使用一个导引物（铅笔或你的手指）多次浏览书页，对整本书有一个总体的"感觉"。

B. 思维导图：现在拿出一大张白纸，将其横放在面前，在中心画一幅图像，总结主题。如果书的封面或内文中有特别显眼的或彩色的图像，不妨使用这个图像。

C. 发散思维：如果你对从中心图发散出来的主要内容分支有非常合

理的把握，不妨为思维导图画上主要内容分支。它们常常与教科书的主要部分或章节有关，或者与你阅读这本书的具体目标有关。

在这一早期阶段开始创作思维导图，你是在给自己的大脑一个中心焦点和基本结构，从而使大脑能够把从这本教科书中得到的全部信息都综合起来。

2. 确定阅读的时间及其总量目标（5分钟）

根据你的学习目标、教科书的内容和难度，以及你已经具备的知识，确定：

A. 为全部任务所分配的时间。

B. 每个学习阶段所要完成的任务量。

3. 把与该学科有关的已有知识用思维导图画下来（10分钟）

现在"抛开"教科书和你刚画的思维导图，拿一张新纸，以最快的速度画一幅快速放射的思维导图，把你对于即将学习的学科的理解画出来。这幅思维导图要包含你最初浏览这本书时获得的知识，以及在你平日学习到的与这一学科有所关联的综合知识和具体信息。不要仅仅用线性的形式写下标题词和数据——你现在是在练习如何制作思维导图。

大多数学生都很高兴而且很吃惊地发现，他们对于这一学科已经具备的知识要比他们预想的多许多。创作这样的思维导图也非常有价值，因为它可以把适当的联想或"抓钩"带到大脑表面来，并使其朝着你所学的学科的方向运动。它还可以使你认识到，自己哪些领域的知识丰富，哪些领域的知识欠缺，从而使你明白，哪些方面的知识需要补充。

4. 确立目标并用思维导图画下来（5分钟）

在这一阶段，你可以用不同的颜色在刚刚完成的已有知识思维导图上增加一些内容，也可以重新拿出一张新纸，再做一次快速思维导图速射，表明你学习本教科书或辅导材料的目标。这些目标可以是一些具体的问题和你希望得到的对这些问题的解答，也可以是你希望得到的更多的知识。

按照这种方式把目标用思维导图画出来，会极大地增加眼睛或大脑系统把它遇到的一些与目标相关的信息记录下来的可能性。实际上，目标思维导图起一种"食欲"的作用，它会自然而然地激发你的学习热情。跟一个几天没有吃饭的人会整天想着吃东西一样，好的用于准备的思维导图会刺激你对知识的"渴求"。

7.1.2 应用

5~8. 总览、预习、精读、复习（时间依据学习材料而定）

准备完毕后，你就可以开始在总览、预习、精读和复习4个层面上阅读了。这些层面上的阅读可以把你带入该书内容更深的层次（这是快速阅读发挥作用的地方，参见第4章）。你可以一边读书一边制作思维导图，也可以一边读书一边在书上做一些标记，并在事后完成思维导图。

- 一边读一边创作思维导图，就好像在与书的作者不断地"对话"。随着读书的进展，思维导图会反映出知识的发展模式。不断增长的思维导图也会让你不断检查自己的理解水平，调整获取信息的焦点。
- 事后画思维导图是指，在你完全理解了书的内容和各个部分之间的关系之后才开始创作。你的思维导图因此就会更加全面，焦点更加集中，也不太可能需要修改。

无论你选择哪一种方法，都必须记住，对一本教科书或辅导材料创作思维导图是一个双向的过程。其目的不是简单地以思维导图的形式复制作者的思想，它是要根据你自己的知识、理解、解释和具体目标（例如考试）来组织和综合作者的思想。因此，理想的思维导图应该包括你的评论、想法及从刚刚读到的内容里得到的创造性认识。用不同的颜色或者编码能够让你把自己对该图的贡献与作者的思想区分开来。

为了加深你对这一应用体系的印象，请参见第3章。

7.2　如何为讲座、DVD等制作思维导图

这与为一本书制作思维导图差不多，只是你会受到线性讲座或演示的影响，不能随意地查阅材料的不同部分，也不能依赖快速阅读获得快速的学习。

鉴于这个原因，要尽量快速地总览讲座的主题。在讲座、录像、DVD或电影开始之前，你应该画一个中心图和尽量多的主要内容分支（好的演讲者都很高兴帮助那些对其主题感兴趣的人，并乐意为他提供一份讲座的概要，表明演讲者所要讲的主要方面）。

还有，在讲座、录像、DVD或电影开始之前，如果条件许可，你可以做一个两分钟的思维导图速射，把你对该主题所具备的知识画出来，以便让大脑准备好吸收新知识。

随着时间的推移，你可以在原来的思维导图上增加新的信息和想法，只要这些东西看上去很合适就可以了。如果需要，你还可以调整基本的结构。像为一本书制作思维导图一样，你可以通过使用不同的颜色编码把自己的评论和想法标示出来，作为对讲座的反馈。

7.2.1 思维导图创作案例分析

下面讲述一位女生拉娜·伊斯利尔的故事。她把思维导图当作日常学习的一部分。拉娜使用思维导图赢得了学校的科学竞赛，继而又赢得了全州科学竞赛和美国全国科学竞赛。之后她被哈佛大学录取，在哈佛读书期间，她的成绩除了一门功课得了个"B"之外，其他全部是"A"。她对自己获得的成绩"B"不满意，于是就用思维导图提出了申诉，最后学校授予她应得的"A"。她的思维导图综合了笔记、小论文和备考等方面。如拉娜所言：

该思维导图是从我的历史课笔记里面直接拿出来的。我的老师通常每天都讲课，我自然也每天都用思维导图记笔记。这幅思维导图着重记录美国早期政党及其立场。中心的图像表示政治主张的分歧，这些分歧也导致了两大政治党派的形成。只需要看一眼我画的图，就可以立即确定这张图的主题和各政党的一般特点。民主党是些平民百姓，而联邦党比较关心上层社会。这幅思维导图笔记里使用的图画非常适合整块划分一些概念，也易于帮助我回想起一些信息，并使历史课显得非常有趣。如果用线性笔记来表达这幅思维导图中的内容，那么至少需要两三页纸。学习三页的东西肯定没有学习一页的东西那么好玩。另外，这幅思维导图可以在一分钟内复习一遍，既节省时间，又能让我们记住更多的东西，因为关键词都相互紧密地联系在一起……思维导图帮助我在历史课上获得了优秀的成绩——这确实是一大优势！

（请参照图7-1。）

图7-1 拉娜·伊斯利尔准备历史考试的思维导图

7.2.2　创作大师级的学习思维导图

如果你所学的是一门课时很多的课程，那么比较好的方法是画一幅很大的大师级思维导图，反映这一课程的主要章节、主题、理论、主要人物及事件。每次读书或听讲座之前，你都可以把任何主要的新想法加入到你的大师级思维导图中，这样就可以为不断增长的内在知识的网络创造一个外在的镜像。

那些曾经这样做过的人都注意到了一个令人吃惊且回报丰厚的前景。经过一段时间，思维导图的边界会向外伸展到其他的一些课程和学科上。因而，有关心理学的大师级思维导图的边界开始触及神经生理学、数学、哲学、天文学、地理学、气象学、生态学等学科。

这并不是说，你的知识结构在不断地分散，因而远离了中心，而是说，你的知识开始变得深邃而广博，它们已经与知识的各个领域相互交错起来了。

7.2.3　用思维导图做笔记

高效的快速阅读技能需要有一个起支持作用的笔记技巧，而那种耗费时间且效率低下的笔记方法（例如线性笔记）则是快速阅读的大敌。作为信息储存和提取的思维导图法与快速阅读遵循着共同的原则，而且思维导图的原理与我们大脑的工作原理一致。这也就意味着，对知识运用得越多，知识水平也就越高。

有效的笔记方法必须符合以下标准：

1. 有计划，有重点，有预览。
2. 清晰可辨，综合各种情况。
3. 反映目前的知识水平。

4. 是一种保存信息的方式。
5. 便于回忆。
6. 便于交流信息。

思维导图满足了以上所有的标准。好的笔记不是盲目地复制所有讲过的内容，它是一个选择的过程。它应该用最少量的词语总结最大量的便于回忆的信息。思维导图完全可以帮助你实现这一点。

7.2.4　普通笔记的缺点

- 记笔记的人有可能在没有预览的情况下不加选择地记录信息，这样会丧失总体焦点和意图。
- 记笔记的人只顾忙着把"一切"都写在纸上，没有时间对主题进行批判性分析和欣赏。
- 详尽的笔记会分散注意力，使听者错过真正在讲的内容。（这就像在不阅读文章的情况下打印一篇数千字的文章一样。）
- 笔记的量有可能变得非常大，结果使记笔记的人不愿意回过头去参考它，或者根本看不懂，不得不重新再来。

7.2.5　再论关键词和关键图像

好笔记的一个重要因素就是选择适当的关键词和关键图像，概括阅读材料的重要内容。这些我们在第 6 章中已经讲过了，但有必要在这里重申一下：

思维导图中的关键词：

1. 必须激发正确的记忆。

2. 不能太抽象、太综合、太宽泛。

3. 必须在你的头脑中激发一个非常具体的形象。

4. 必须让你满意。

5. 必须能够总结信息。

在思维导图笔记中，不要写出整个句子或列表，而应该用关键词和关键图像保存重要的信息，并且把它们用作回忆信息的精确记忆触发器。

在你创建思维导图的同时，你的大脑也对你所记录的全部内容创造了一幅综合图。因此，你的博赞有机学习技巧思维导图也变成了一个来自你大脑的多维笔记，它以一种独特的方式再现你想记住的一切。思维导图是一个功能强大的图像技术，它可以充分利用你大脑的能力，并且释放你真正的潜力。把思维导图用于记忆，你可以根据需要轻松地回忆起信息。

7.2.6 复习思维导图笔记

记完了思维导图笔记后，应该定期复习所记的内容，以保持理解和对所学内容的回忆。对于一个小时的学习内容，最佳的复习间隔和每次的时间限制如下所示：

- 10分钟以后——复习10分钟。
- 24小时以后——复习2~4分钟。
- 1周以后——复习2分钟。
- 1个月以后——复习2分钟。
- 6个月以后——复习2分钟。
- 1年以后——复习2分钟。

然后信息将被储存在你的长期记忆里。与其每次复习时把原图看一遍，不如把尚且记得的内容再次快速地做一次思维导图速射。这证明你可以在不借助任何帮助的情况下记住所学的东西。你可以再次回过头来对照原图检查，调整一下不符合的地方，并强化任何记忆薄弱的地方。请参照图 3-9，从视觉上感知回忆的模式。

7.3 思维导图笔记和大师级思维导图的好处

1. 它们能够让你一直对全部知识"图景"了然于胸，因而可以让你对那一学科的全部知识有一个更加平衡和更加全面的理解。

2. 它们比线性笔记少占许多篇幅。10~1000 页的课文可以总结到一张大幅的思维导图里面。使用一幅思维导图，节约一棵大树！

3. 它们使你的大脑有一个焦点和结构，你可以在思维导图中把任何学科的知识综合起来。

4. 它们会增强大脑对于知识的"渴求"。

5. 它们可以让你把自己的思想和想法与书籍、讲座中表达出来的思想联系起来。

6. 使用它们复习起来的效果和效率都好得多、高得多。

7. 它们会强化你对一些书籍、讲座和报告的记忆及理解，使你能够在任何学习课程中出类拔萃。

7.3.1 用思维导图写文章

我们现在讨论用思维导图替代多数学生在实际写作开始之前所记录的大量的线性笔记。

从书籍或者讲座中摘录笔记，指的是从线性材料中摘录出基本的部分，以生成一幅思维导图（如上文所述）。

为一篇文章制作笔记，指的是以思维导图的形式先辨认出有关这个主题的基本材料，然后利用思维导图笔记搭建一个线性的结构。

- 跟平常一样，先画一个中心图，代表文章的主题。
- 再选择合适的基本分类概念，作为主要内容分支或者主要部分。在这个阶段，你应该密切关注需要处理的话题或问题。文章的话题通常就表示基本分类概念。
- 然后打开思路，添加信息，或者提出你想说明的观点，只要它们在你的思维导图中看起来最为相关即可。从基本分类概念发散出来的分支是没有任何限制的。在思维导图的这个阶段，你应该使用一些代码（颜色、符号或两者兼用）来表明前后参照或不同部分之间的联系。
- 接下来，编辑并重新调整思维导图，使其成为一个连贯的整体。
- 现在，可以坐下来书写文章的初稿，把思维导图当作一个框架。一幅组织有序的思维导图应该可以为你提供：
  ○ 文章的主要部分。
  ○ 每个部分所涉及的要点。
  ○ 这些要点之间相互联系的方式。

在这个阶段，你应该尽量快速地写下去，跳过任何疑难的地方，特别是对于一些有关词汇和语法结构方面的问题。这样，你就会形成更多的思考，而且，你稍后总会回到一些"问题区域"，这跟你平常阅读参考书是一样的。

- 如果你遇到"写作阻塞"（在思维导图的帮助下，通常不可能出现这个问题），那么就另画一幅思维导图，问题就可以解决了。在很多情况下，只需画一个中心图就会让文思之泉再一次涌动起来，围绕着文章的主题自由地驰骋。如果你又一次感到思维枯竭，那么可以在关键词和关键图像上添加一些新的线条分支。这样，你的大脑里天然的完整倾向就会用新的词语和图像来填充这个空白地带。同时，你应该提醒自己，让自己明白大脑有无限的联想能力，并让所有的想法自由地流动起来，尤其是那些被你认为"荒诞不经"的念头。只要你意识到，思维阻塞的产生不是因为大脑能力不够，而是因为害怕失败和对大脑工作机制的误解，那么它们很快就会消失。

- 最后，复习你的思维导图，完成文章剩余的部分，增加一些交叉参考的内容，用更多的证据或引用来支撑你的观点，并修改或者在必要的情况下扩展自己的结论。

7.3.2　用思维导图准备考试

如果在学习的整个过程中都做了思维导图笔记，而且按照我所建议的间隔复习了思维导图，那么你应该是为考试做好了充分的准备。你需要做的是寻求正确的方法把丰富的知识转化为考场的良好发挥（见图 7-2）。

1. 第一步，要通读试卷，挑选出你想回答的问题。在阅读问题的时候，用微型思维导图把马上跳入脑海的想法记下来。

2. 第二步，你必须决定按照什么样的顺序来回答问题，以及回答问题需要多少时间。

3. 要抵挡住立即详细回答第一个问题的诱惑，而要对全部准备回答的问题做快速的思维导图速射。按照这个程序，你可以使自己的大脑在整个考试期间准备好去探索所有问题的各个细节和分支，而不必仅孜孜于每个时刻正在回答的某个具体的问题。

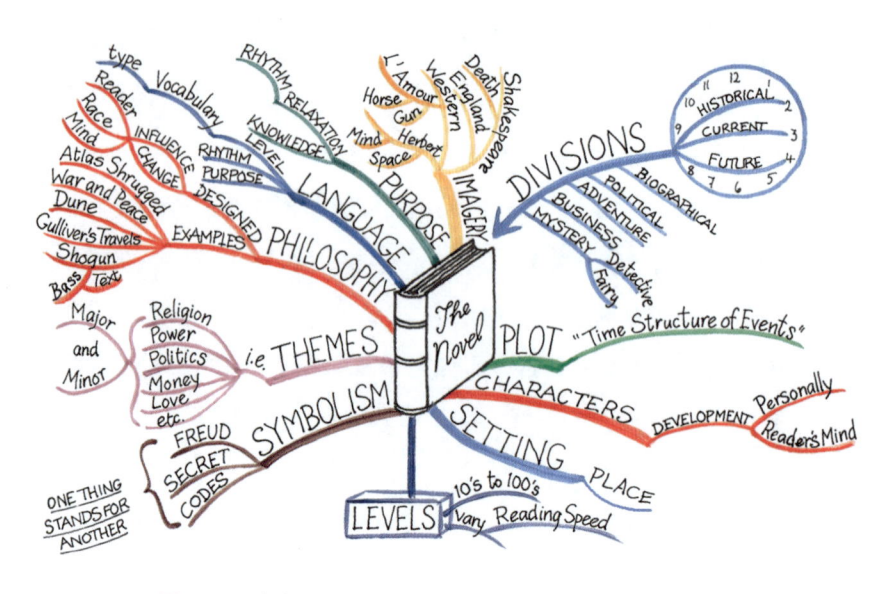

图 7-2 一幅帮助文科学生通过考试的思维导图（她考试成功了）

4. 现在，回到第一个问题，并做一幅思维导图，让它起到为答案搭建框架的作用。中心图与简要的评论一致，而每个主要的内容分支都可以提供一个主要的副标题或者文章的一个部分。对于每个从主要分支上展开的部分，你都应该能够写上一两个段落。

5. 当你搭建起所有答案的框架时，你会发现，你可以自由穿梭于已有的知识结构中，前后参照，而且能够通过补充自己的思想、联想和解释来得出结论。这样的答案应该能够向考官展示一个综合的知识，一种分析、组织、整合和交叉参考的能力，特别是自己对这个题目富于创造力和求新精神的理解所展示的能力。换句话说，你应该能够得高分！

7.3.3 用于考试的思维导图案例分析

图 7-3 是詹姆斯·李（James Lee）同学做过的数百幅思维导图中的一幅。他制作这些思维导图是要帮助他通过高中及大学的入学考试。

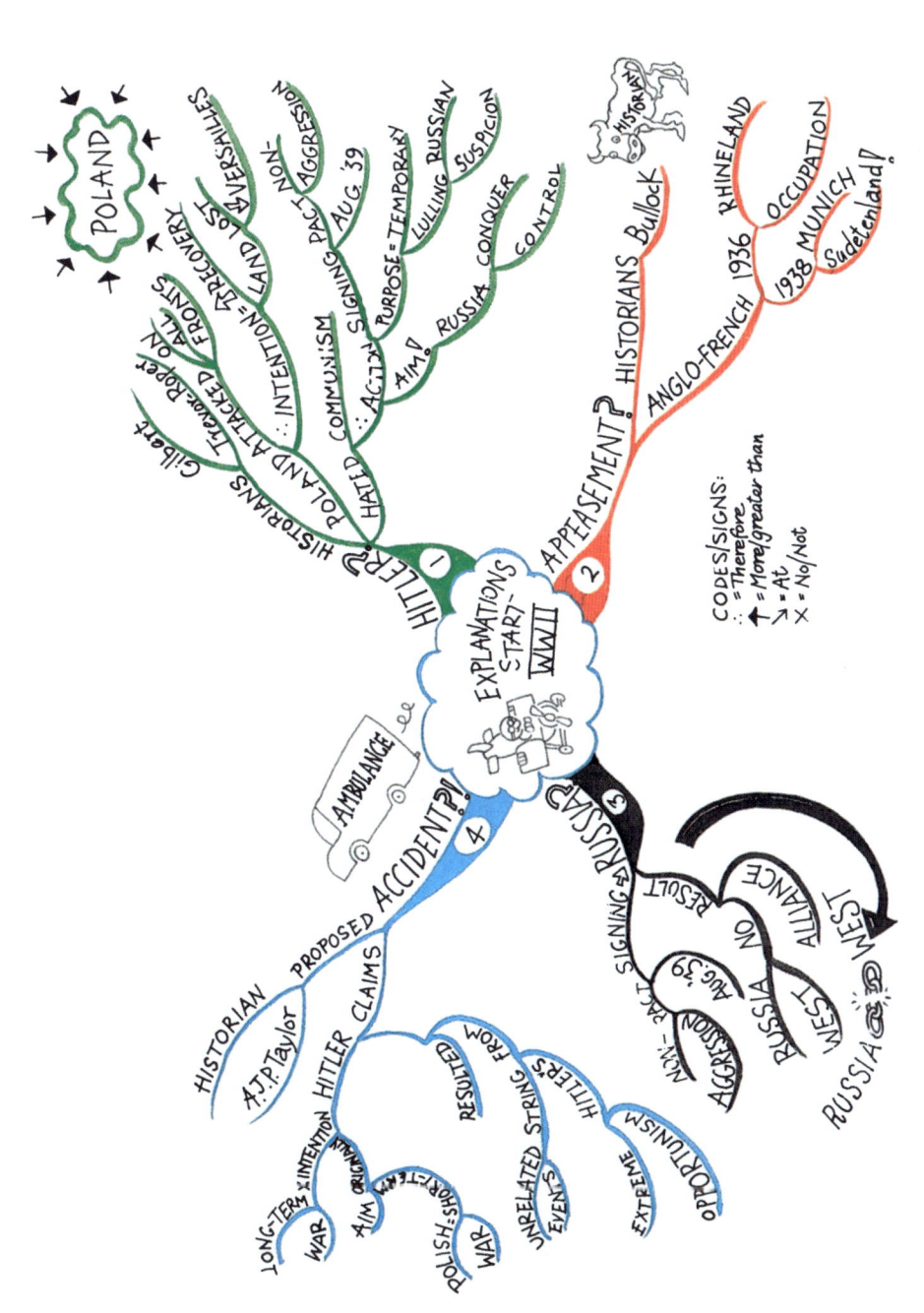

图 7-3 詹姆斯·李制作的众多思维导图中的一幅,帮助他通过了考试

他在 15 岁那年因为一场疾病而休学 6 个月，考虑到普通水平考试马上就要举行了，有人建议他留一级。詹姆斯说服老师让他去"尝试一下"。他开始用思维导图把看到的一切都记下来。在 3 个月的时间里，他完成了全年的功课，在 10 门考试中，他得了 7 个"A"、3 个"B"。詹姆斯为历史课做的思维导图，对第二次世界大战爆发的原因进行了总结。

7.3.4　限制你的时间，而不要限制你的界限

经常参加考试的大学生会发现，按照严格的时间限制完成文章的写作是非常重要的，就像是回答考试的题目一样。这个方法在竞争激烈的学术情形中非常有用，因为在这样的情形中，你的大脑需要不断培训，以超越高压考试带来的思想压抑。

瑞典学生凯瑟琳娜·奈曼（Katarina Naiman）在谈到用思维导图写作有关瑞典的文章时说：

我写得越多，画得越多，思想里面的念头就越多——得到的想法越多，这些想法就越是富有创造力。我意识到，思维导图永远没有完结的时候。除非另外有一位我尊敬的人阻止我，或者因为肚子饿得发痛，或者因为口渴得要命，否则，没有什么东西能够阻止我画下去！

7.4　用于集体学习的思维导图

学习也可以是一个集体的行为（如同独立的复习一样），而思维导图非常适合小组追求学习效率的提高。利用组织有序的思维导图笔记，整本教材的内容就可以在一个小时之内在组员之间交流完毕。我建议 4

个组员商定一个学习日，在这样的一个学习日内，大家可以阅读4本书，并画成思维导图，以便理解和交流。

1. 从上午10点钟开始，花费半小时的时间做些身体运动。

2. 快速浏览一下即将学习的文章。（15分钟）

3. 休息一下，玩玩游戏，适当放松。（15分钟）

4. 决定有多少时间可用于学习和休息，并且把时间细分给材料的各个部分。（10分钟）

5. 把自己已拥有的对这一主题的知识用思维导图画下来，并且记录下你的目标和希望回答的问题。（20分钟）

6. 休息。（5~10分钟）

7. 快速浏览全书，看看目录、主要的标题等，然后再把思维导图的主要内容分支补充上。（15分钟）

8. 预览全书，更仔细地阅读文章，继续完善思维导图。（15分钟）

9. 午餐休息。（60分钟）

10. 这是大家碰头的阶段，在这期间你可以与学习小组里的其他人讨论和解决问题。（30分钟）

11. 休息。（5~10分钟）

12. 复习教材，处理一些突出的问题，并在思维导图上完成最后的细节。（30分钟）

13. 休息。（5~10分钟）

14. 这是交流阶段，学习小组的每个成员都要用自己的思维导图演示自己所学习到的东西。每个人的演讲应该持续25分钟的时间，每有两位讲完后休息5~10分钟。一个人演讲的时候，其他人应该制作思维导图，并尽量试着达到至少与演讲者对材料同样的理解程度。大家应该都能够提炼并改进彼此的思维导图，使之达到尽可能高的水平。

15. 下午4点钟或5点钟的时候，大家都在头脑中有了4本新书的信息。对于实际的文章,你唯一需要做的就是在未来的一年里稍微浏览一下,并改进你的思维导图。

- 你已经通过思维导图的交流充实了这一学科的知识,而如果使用线性的笔记则只能使知识更加分散。
- 更重要的是,这是一个积极的、令人愉快的体验,完全不同于痛苦的、具有惩罚性质的学习。所以,现在就出去庆祝一下吧!

集体思维导图学习的好处

假如你的学习小组学习了一本地理书,其中包括气候、野生动植物、地质概况、行星地图等章节,你认为你们每个人能够学习到这本书百分之多少的知识?答案是 75%。

一个普通的学生花费大量的时间阅读一整本书,在整整一年里理解了其中 60%~80% 的内容,然后在一周之内忘记了 80%。换句话说,最好在年初就开始"填塞"。为什么要花费一整年的时间害怕即将向你袭来的海啸,而且你又有 90% 的概率被冲走?为什么要等到最后一刻才去阻止它呢?为什么不在一开始就把它推到地平线之外呢?

集体思维导图学习的另一个好处是,当你的学习小组在第二周坐在教室里听讲座时,由于你们已经把主要的内容都做了思维导图,所以你们将拥有极大的优势。因此,当老师开始讲一个"新话题"时,你就预测到了,并且在她开讲之前,你在头脑中已经有了一幅清晰的思维导图。然后,当她讲到一些有趣的观点时,你只需要把它们加入你的思维导图即可。但事情还没就此终止,无论在课堂内外听到任何与那一话题有关的信息时,你的大脑都会时刻准备着扩展你的思维导图,添加进新的信息。

而那仅仅是一个科目。一个学生学习多少个科目？在这一层面上是4个科目，也许是5个。因此，如果在一个学年内你需要阅读30本书，而且你有一个4人组成的学习团队，那么你就能够在8个星期之内把它们学完，到距学年结束还有两个月时，你就可以安然入睡了。

7.5 你的未来

你的思维兵工厂现在已经建成了，你也拥有了一个具有非凡能力的大脑。你已经清除了高效学习的基本障碍，你的阅读速度高于世界上99%的人。你拥有了全新的超级记忆力。你拥有了世界上最强大的思维、学习和记忆工具——思维导图，而且你知道如何最大限度地使用世界上最有效的学习技巧——博赞有机学习技巧。

我期待着你考试成功的好消息。

词汇练习参考答案

高智商词汇练习——前缀

1. prepare；2. Reviewing；3. depress；4. comprehension；5. examinations

高智商词汇练习——后缀

1. practitioner；2. hedonism；3. minimal；4. vociferous；5. psychology

高智商词汇练习——词根

1. querulous；2. amiable；3. equinox；4. chronometer；5. aerodynamics

| Appendix 附录 |

东尼博赞® 在线资源

"脑力奥林匹克节"

"脑力奥林匹克节"是记忆力、快速阅读、智商、创造力和思维导图这五项"脑力运动"的全面展示。

第一届"脑力奥林匹克节"于1995年在伦敦皇家阿尔伯特大厅举行,由东尼·博赞和雷蒙德·基恩共同组织。自此之后,这一活动与"世界记忆锦标赛®"(亦称"世界脑力锦标赛")一起在英国牛津举办过,在世界各地包括中国、越南、新加坡、马来西亚、巴林也都举办过。世界各地的人们对这五项脑力运动的兴趣越来越浓厚。2006年,"脑力奥林匹克节"的专场活动再次让皇家阿尔伯特大厅现场爆满。

这五项脑力运动的每一项都有各自的理事会,致力于促进、管理和认证各自领域内的成就。

世界记忆运动理事会

世界记忆运动理事会(World Memory Sports Council)是全球记忆运动的独立管理机构,致力于管理和促进全球记忆运动,负责授权组织世界记忆锦标赛®,并且授予记忆全能世界冠军、世界级记忆大师的荣誉头衔。

世界记忆锦标赛®

这是一项著名的全球性记忆比赛,又称"世界脑力锦标赛",其纪录不断被刷新。例如,在 2007 年的世界记忆锦标赛®上,本·普理德摩尔(Ben Pridmore)在 26.28 秒内记住了一副洗好的扑克牌,打破了之前由安迪·贝尔创造的 31.16 秒的世界纪录。很多年以来,在 30 秒之内记忆一副扑克牌被看作相当于体育比赛中打破 4 分钟跑完 1 英里的纪录。有关世界记忆锦标赛®的详细信息,可在英文官网 www.worldmemorychampionships.com 或中文官微 China_WMC 中找到。

世界思维导图暨世界快速阅读锦标赛

世界思维导图锦标赛(World Mind Mapping Championships)是由"世界大脑先生"、思维导图发明人东尼·博赞和国际特级象棋大师雷蒙德·基恩爵士于 1998 年共同创立。世界思维导图锦标赛是脑力运动奥林匹克大赛其中的一项,第一届的举办地点在伦敦,至今已举办 14 届。

世界快速阅读锦标赛(World Speed Reading Championships)始于 1992 年,并持续举办了 7 届。2016 年,第 8 届世界快速阅读锦标赛在新加坡再次举办。2017 年,第 9 届世界快速阅读锦标赛在中国深圳成功举办。快速阅读是五项"脑力运动"之一,可以通过比赛来练习。

了解赛事详情,请登录中文官网 www.wmmc-china.com 或关注官微 world_mind_map。

亚太记忆运动理事会

亚太记忆运动理事会(Asia Pacific Memory Sports Council)是由东尼·博赞和雷蒙德·基恩直接任命的世界记忆运动理事会(WMSC)在亚洲的代表,负责管理世界记忆锦标赛®在亚洲各国的授权,在亚洲记忆运动会上颁发"亚太记忆大师"证书。

亚太记忆运动理事会是亚太区唯一负责授权和管理 WMSC® 记忆锦标赛®俱乐部、WMMC 博赞导图®俱乐部,并颁发相关认证能力资格证书的官方机构，了解详细信息请登录 www.wmc-asia.com。

WMSC® 记忆锦标赛® 俱乐部

无论在学校还是职场，WMSC® 记忆锦标赛® 俱乐部提供的都是一个有助于提高记忆技能的训练环境，学员们在这里有一个共同的目标：给大脑一个最佳的操作系统。由经 WMSC® 培训合格的世界记忆锦标赛® 认证裁判提出申请，获得亚太记忆运动理事会授权后成立的记忆俱乐部可以提供官方认证记忆大师（LMM）资格考试。请访问官网 www.wmc-china.com 或关注官微 China_WMC。

WMMC 博赞导图® 俱乐部

WMMC 博赞导图® 俱乐部，由经 WMMC 培训合格的世界思维导图锦标赛认证裁判提出申请，在获得亚太记忆运动理事会授权后成立并运营。俱乐部认证考级是目前世界唯一依据世界思维导图锦标赛的评测标准所进行的全面、科学、权威的博赞思维导图® 专业等级认证。请访问官网 www.wmmc-china.com 或关注官微 world_mind_map。

大脑信托慈善基金会

大脑信托慈善基金会（The Brain Trust Charity）是一家注册于英国的慈善机构，由东尼·博赞于 1990 年创立，其目标是充分发挥每个人的能力，开启和调动每个人大脑的巨大潜能。其章程包括促进对思维过程的研究、思维机制的探索，体现在学习、理解、交流、解决问题、创造力和决策等方面。2008年，苏珊·格林菲尔德（Susan Greenfield）荣获了"世纪大脑"的称号。

世界记忆锦标赛® 官方 APP

世界记忆锦标赛® 官方 APP 是世界记忆运动理事会授权，亚太记忆运动理事会为广大记忆爱好者和记忆选手们打造的大赛官方指定 APP，支持用户在线训练、参赛以及

在线查看学习十大项目比赛规则、赛事资讯、比赛日程等信息。选手可自由选择"城市赛、国家赛、国际赛、世界赛"四种赛制，并可选择十大项目中的任意项目，随时随地进行自由训练。

目前，Andriod 版本已发布（IOS 版本敬请期待），APP 安装请登录 www.wmc-china.com/app-release.apk。

英国东尼博赞®集团

东尼博赞®授权讲师（Tony Buzan Licensed Instructor，TBLI）课程由英国东尼博赞®集团（Tony Buzan Group）授权举办，TBLI 课程合格毕业学员可获得相关科目的授权讲师证书。TBLI 讲师在提交申请获得授权许可后，可开授英国东尼博赞®认证的博赞思维导图®、博赞记忆®、博赞速读®等相应科目的东尼博赞®认证管理师（Tony Buzan Certified Practitioner，TBCP）课程。

完成博赞思维导图®、博赞记忆®、博赞速读®或思维导图应用课中任意两门课程，并完成相应要求的管理师认证培训数量，即有资格申请进阶为东尼博赞®高级授权讲师（Senior TBLI）。

高级授权讲师继续选修完成一门未修课程，并完成相应要求的管理师认证培训数量，可有资格申请进阶为东尼博赞®授权主认证讲师（Master TBLI）；另外，提交申请获得授权后可获得开授 TBLI 讲师培训课程的资格。

亚太记忆运动理事会博赞中心®为亚洲区唯一博赞授权认证课程管理中心，负责 TBLI 和 TBCP 认证课程的授权及证书的管理和分发。如果你有任何问题或者需要在亚洲区得到任何支持，可以通过以下方式联系相关负责人士。

亚洲官网：www.tonybuzan-asia.com　电子邮件：admin@tonybuzan-asia.com

东尼·博赞
思维导图经典书系

BUZAN
MIND MAP CLASSIC BOOKS

全球畅销50年 / 100多个国家和地区使用 / 销量超1000万册 / 影响世界3亿人

一套被用于记忆、阅读、学习、创新
提升脑力、拓展思维、开启智慧的经典著作

100位世界记忆大师
世界记忆锦标赛、世界思维导图锦标赛冠军联合推荐

比尔·盖茨
微软创始人

俞敏洪
新东方创始人

刘润
润米咨询创始人

秋叶
秋叶品牌创始人

苏杰
知名产品创新顾问

陈智强
《最强大脑》脑王

王峰
世界记忆锦标赛冠军

何磊
世界记忆大师

刘艳
世界思维导图锦标赛冠军

领 衔 推 荐

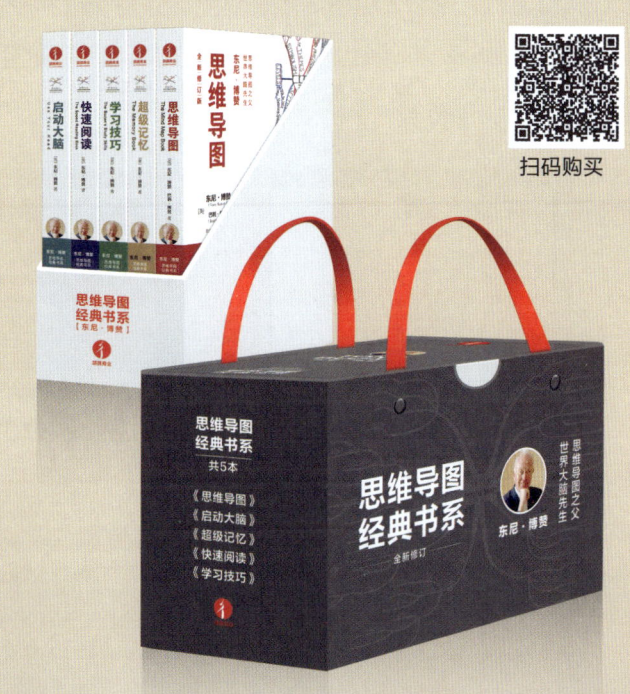

扫码购买

思维导图经典书系
共5本
《思维导图》
《启动大脑》
《超级记忆》
《快速阅读》
《学习技巧》

思维导图 | 快速阅读  | 超级记忆  | 学习技巧  | 启动大脑

东尼博赞® 授权认证课程

东尼博赞®授权讲师（Tony Buzan Licensed Instructor，"TBLI"）课程和东尼博赞®认证管理师（Tony Buzan Certified Practitioner，"TBCP"）课程由英国东尼博赞®集团授权举办。课程合格毕业者可申请获得相应科目的东尼博赞®授权认证资格证书。

东尼博赞®授权讲师证书 　　东尼博赞®认证管理师证书

世界记忆锦标赛® 和世界思维导图锦标赛

世界记忆锦标赛®和世界思维导图锦标赛分别始于1991年及1998年，由"世界大脑先生"、思维导图发明人东尼·博赞和国际特级象棋大师雷蒙德·基恩爵士共同创立，各自颁发国际认可并世界通用的"世界记忆大师"及"博赞导图®大师"证书。

世界记忆大师（IMM）证书 　　博赞导图®大师证书

世界记忆锦标赛官方微信

基于赛事推出的WMSC®记忆锦标赛®俱乐部和WMMC博赞导图®俱乐部，可由参加过官方培训并合格结业的国际认证裁判提出申请，在获得亚太记忆运动理事会授权成立后，分别运营目前世界上唯一依据世界记忆锦标赛®及世界思维导图锦标赛评测标准的"WMSC®记忆大师考级认证"和"WMMC博赞思维导图®考级认证"。

WMSC®记忆大师考级认证证书 　　博赞思维导图®专业考级认证证书

世界思维导图锦标赛官方微信

注：以上证书均为样本，仅供参考，证书可能由发证机构根据需要对形式和内容做出改动，以最终实物为准。